# 生態經濟革命

## 拯救地球和經濟的五大步驟

作者／Lester R. Brown
譯者／蕭秋梅

# 「NEO系列叢書」總序

Novelty 新奇・Explore 探索・Onward 前進

Network 網路・Excellence 卓越・Outbreak 突破

世紀末，是一襲華麗？還是一款頹廢？

千禧年，是歷史之終結？還是時間的開端？

誰會是最後一人？大未來在哪裡？

複製人成為可能，虛擬逐漸替代真實；後冷戰時期，世界權力不斷地解構與重組；歐元整合、索羅斯旋風、東南亞經濟危機，全球投資人隨著一波又一波的經濟浪潮而震盪不已；媒體解放，網路串聯，地球村的幻夢指日可待；資訊爆炸，知識壟斷不再，人力資源重新分配……

地球每天自轉三百六十度，人類的未來每天卻有七百二十度的改變，在這樣的年代，揚智「ＮＥＯ系列叢書」，要帶領您——

整理過去・掌握當下・迎向未來

全方位！新觀念！跨領域！

# 導讀

蕭秋梅

近年來，氣候變遷、酸雨、臭氧層破壞等全球性環保問題引起廣泛注意。一般認為，這是因為沒有節制的經濟活動與工業發展，使得地球的環境遭受嚴重破壞，資源被過度消耗，自然的自淨力失去作用所致。因此，近年來國際間出現了風起雲湧的永續發展運動，希望喚起世人共同努力拯救我們的生存環境。

本書作者列斯特・R・布朗自一九七四年設立研究環境問題的智庫「看守世界研究中心」（Worldwatch Institute）以來，即一直投注心力在糧食問題、能源政策、人口問題、氣候變遷等與環境問題相關的研究上，並不斷對全球提出建言。本書乃是彙整其在日本發表的演講而成。書中除闡述「可永續發展的經濟」樣貌外，並指出當前世界面臨的各項問題，及打造一個可永續發展經濟的方法、政府與企業應扮演的角色等。

在第一章中，作者首先說明全球經濟的發展狀況，描述高度的經濟發展對整個生態環境造成的破壞，以及環境破壞帶來的水資源匱乏、糧食缺乏、森林消失、物種滅絕、氣候變遷等問題。在這個章節中，作者並舉眾多實例，細論造成上述問題的原因和導致的後果。

而為了解決目前人類面對的生態環境問題，建構可永續發展經濟的新樣貌，作者接著在第二章中闡述其認為應實踐的五大步驟。這五大步驟包括：(1)「轉用新的能源資源」——即揚棄目前排放各種廢氣或污染的石化燃料等，轉而使用太陽能、風力、地熱，甚至氫氣等乾淨能源。(2)「創造資源回收經濟」——即仿效自然的結構，使某種業界排出的廢棄物能為其他業界所用，並儘量做到包裝減量、資源回收再使用，期能達到零污染、零排放的目標。(3)「重新檢視汽車文化」——即鼓勵各國建設便捷舒適的大眾交通運輸網，回歸利用不排放廢氣的自行車，減少使用石化燃料的汽車。(4)「保障糧食安全」——即主張全球糧食問題的重要性遠勝於軍事安全，因此除應把經費用於保障糧食安全的領域之外，更應重新檢視土地利用的優先順序、檢視目前的飲食習慣、開發抗蟲害乾旱的植物品種等。(5)「追求人口零成長」——即陳述人口遽增造成的嚴重問題，並直指控制生育的重要性遠超過神學或宗教上的考量，以及先進國家人口零成長不僅毋須憂心，甚至是全球應追求的目標、值得嘉許的成果。

最後，作者更在第三章中仔細探究政府和企業應扮演的角色。以政府而言，除應改變稅制，轉而對砍伐森林、排放廢氣等破壞環境的活動課以重稅之外，更應獎勵使用再生資源、開發新能源等建設性的經濟活動。以企業而言，作者則直陳環境問題事實上是史上最大的投資機會。而目前已有傲人成就、享有既得利益的大企業，應有前瞻性眼光，規劃符合可永續發展的前進目標，進行企業再造，以使企業體能永續經營。而小企業則應效法資訊業界的微軟，善用目前不可多得的良機，鑽研有助健全環境的技術，躍居經濟要角。

此外，作者也在書中積極強調人人應善盡個人對環境生態之責，從改變消費習慣、生活方式做起，進而積極參與政治，匯集廣泛民意影響政府決策。這是讀者在閱讀本書，瞭解目前的環境問題、可永續發展的經濟樣貌後，可進一步深思、實踐的課題。

事實上，自一九九二年里約「地球高峰會議」（Earth Summit）決定以「廿一世紀議程」（Agenda 21）作為全球推動永續發展的行動綱領後，永續發展的思潮已成為聯合國及世界各國未來發展的模式，並對主導全球企業界如何作為具有決定性影響。而本書的獨到之處則在於作者提出實際可行的方式，為全球指示具體的努力方向。

在此附帶一提的是，在全球永續發展潮流中，我國也不落人後，積極透過產官學合作，在政策法令的研擬、環境管理、資源保護、生態保育、污染防治及生態效益等各領域皆有所成。相關機構包括：行政院設有「國家永續發展委員會」、環保署則致力於相關環保法規的修訂。此外，（財）工研院能源與資源研究所則對國際環保相關議題積極研究，提供政府、企業各方面的參考。（社）中華民國企業永續發展協會則透過各項業務推動，期能扮演催化角色，引導企業朝向永續方向發展。讀者在閱讀本書之後，若對建構永續發展經濟體系、各項環保議題有興趣，想作進一步瞭解，或可洽詢各機構尋求相關資料。

最後，由於譯者才疏學淺，譯筆或有疏漏不全之處，敬祈各位先進給予指正和指教。

# 前言

隨著全球經濟從一九五〇年以來膨脹近乎六倍，提供基本物料或服務的地球能力逐漸跟不上腳步。雖然經濟發展在各方面皆和地球的自然限制相牴觸，我們人類卻視若無睹，彷彿地球的能力是沒有極限般，不斷地增加人口、提升消費水準。

經濟在許多方面皆超越地球原本的能力，而造成的後果即是，我們正逐步——時而以無法挽救的作法——改變著地球環境。

就像在幫世界做「年度健康檢查」一樣，看守世界研究中心（Worldwatch Institute）每年都出版《地球白皮書》。而每年的檢查結果，基本上都相同。每種症狀皆如實顯示，「患者」的健康狀況只有更形惡化，未見好轉。

有關詳細內容容後再述，不過持續出版《地球白皮書》的這十五年間，我們一貫主張，在美國達到顛峰的「以石化燃料為基礎之汽車中心的『用完即丟』經濟」不可能無限制地持續擴大。我們不斷地呼籲，能夠維持經濟進步的唯一方法是，重新檢視其根本結構，並將之轉換為「以可再生能源為基礎之『再利用／資源回收使用』（recycle）經濟」。如果全球經濟維持目前的狀況、持續擴張，最終將會破壞支撐經濟發展的自然支援系統，逐漸走下坡。雖然這種衰退和瓦解的情節（scenario），極合乎邏輯，並教人不得不正視，然而我們卻尚未轉型為不會破壞環境、可持續發展的經濟模式。

好消息是，我們現在已經明白什麼是不會破壞環境、可永續發展的經濟模式。舉例來說，可永續發展的經濟，其電力可以從風力、太陽等能源獲得。此外，其為再利用和資源回收的經濟模式，也是不言而喻。在自然界中，某種生物的廢棄物會是其他生物的食物，而預料經濟結構也會變成仿效此自然生態之模式。此外，在可永續的經濟模式裡，人口是穩定的。

掌握經濟重建的關鍵在於稅制重整，即降低勞動或儲蓄等建設性行動的課稅，同時加重排出二氧化碳或製造有毒廢料等破壞性活動的稅賦負擔。若要革新稅制，則不管是企業方面或政治方面，都需要領導長才（leadership）。不管是描繪何種變化情節，如果沒有投入挑戰——將目前破壞環境的經濟轉變為可永續的經濟——之領導人，不過都是畫餅充飢罷了。

建構新的經濟模式——尊重地球環境原則的經濟模式，意味著史上最大的投資機會。洞察這個機會的企業，十年後必為勝利者，而安於現狀的企業終會成為過去的遺物，為世人所遺棄。

**列斯特・R・布朗**
看守世界研究中心所長

# 目次

# 1

# 正視現實——發出悲鳴的生命支援體系

# 何謂真正的「成長」

環境問題正意圖全盤改變世界經濟，而且不局限於今日的全球經濟。未來的經濟或許也會因環境問題而朝無法預測的方向邁進。我們人類意外地置身在一個巨大的「實驗」中，子孫的未來全憑實驗結果決定，而且不僅人類的未來，地球上眾多生物的命運也都深受此龐大的「實驗」所左右。

我們正以史無前例的速度和規模，逐步改變地球。今日的行為所造成的一切後果，我們本身大概無法目睹。但是，只要我們不改變當前邁進的方向、不徹底檢視當前經濟體系的根本，則造成的後果必將成為後代子孫的重擔。

我們的面前正橫亙著一個問題，這個問題迄今不曾有一個世代面臨過。一旦全球經濟擴張到支撐經濟的生態系——自然的生命支援（life support）體系——無法負荷的地步，究竟會引發什麼後果？經濟和生態系失衡的狀況，究竟能持續到什麼時候？而其前方又有什麼？經濟學者的眼光或許看不到經濟和生態系微妙的平衡關係，但是在研究環境的科學家眼裡，卻處處可見地球生命支援體系因沈重的負擔而扭曲變形的證據。目前，需求大幅擴充，遠超過草地、漁場等生態系以可永續發展型態產出的量，而多得吸收不盡的廢料正無止境地被排放。

## 今後應追求的經濟成長

信奉經濟成長的想法，毫無地理界線，滲透地球上的每一角落。開發中國家的政治領袖雖然批判先進國家消費水準過高，卻不表態說明，一旦自己的國家現代化，該國的消費也會設一最高極限。此外，截至目前為止，也不曾聽聞富裕的先進國家領袖發表過「只要滿足國民對衣食住、醫療的需求，即不再更進一步增加對地球生態系的要求」之類的計畫。

但是，誠如環境評論家愛德華・亞比所言，「為成長而成長，和癌細胞增殖沒有兩樣」。一旦癌細胞不斷增殖，將會破壞其宿主，換言之，即會毀壞本身的生命支援體系。同樣的，全球經濟無止境地擴充，即意味著正一步步地破壞其宿主——地球的生態系。

應重新省思「成長」概念的時刻已然來臨。問題並不在於「成長」、「零成長」，而是在於「在何處」、「何種成長」。若想糾正全球經濟和生態系的扭曲關係，則必須儘快促使許多領域成長。幾乎沒有一個時期像當前這般，迫切需要可再生能源資源、資源回收業界、能源效率高超的新交通、通訊系統等領域蓬勃發展。再者，相較於以往帶動所有領域成長的原動力——重工業，只要資訊經濟成長，對地球生態系造成的壓力將可減少許多。此外，為了供應開發中國家未來糧食所需，也必須力促農業高度成長。更有甚者，滿足基本需求所需的醫療、教育等服務，尤須在開發中國家充實發展。

困難的是，利用永續且不會破壞環境的方式，滿足所有人的基本需求。為了維持穩定成長，發明的才能和創造性將比以前更為重要。如果變成兩造高聲主張「成長」、

「零成長」的爭議，將偏離討論重點。

我們不能把時間浪費在「成長」、「零成長」等問題上。而是必須儘早建構一個既不會奪取未來世代的機會，卻又能滿足當前世代需求的經濟體系。「任何世代在滿足本身需求之際，都必須有周全的設想，以使繼其後的世代得以滿足其自身需求」——這才是可永續發展社會的基本價值觀，「生態環保的金科玉律」。

究竟要花費多少努力，才能完成重建世界經濟之難題？關於此，實在很難找到合適的形容詞。之所以很難覓得合適形容詞，係因主要關鍵在於能否扭轉地球環境惡化這個滲透已深的趨勢所致。雖然腦中浮起「龐大且前所未有的努力」之辭彙，然而，這樣的形容，仍難以充分傳達所需之努力和事態緊迫的程度。

雖然需做各種努力，才能打造環境上可永續發展的經濟，為未來的世代確保糧食，不過，其中最困難的莫過於「使人口維持穩定」和「使氣候維持穩定」兩者。前者和能否大幅改變人類的性和生殖行為息息相關；後者則和能否重建全球的能源經濟休戚與共。一個世代只要遭逢其中一個難題，就已窮於應付，而我們這個世代卻必須同時迎戰這兩個難題。如果我們能解決這兩個難題、遏止森林消失、抑制動植物物種減少，使漁場、帶水層、土壤維持穩定，不正足以稱為「生態經濟革命」？

若欲建構可永續發展的世界經濟，就必須全球同心協力。必須許多人共同行動，動員的規模將不亞於第二次世界大戰時期。環境問題無國界，光靠某個區域或某個國家的努力是不夠的，唯有世界上所有的國家和人們同心協力，方能力挽當前腐蝕著我們和子孫未來的狂瀾。

本書將探討全球各地實際發生的事件和傾向，不過，不管是沙烏地阿拉伯對水源短缺的因應措施，抑或印尼森林消失的趨勢，都只是冰山的一角，而這些個別的事件或傾向都和地球上所有人類的未來息息相關。

此外，我將會具體陳述每個人所應盡的責任，不過在此之前，先讓我們正視事實——我們的生命支援體系目前究竟處於何種狀況？世界經濟究竟是在哪些方面逐漸超出生態系的範疇？

## 無止境擴大的世界經濟趨勢

這五十年間，世界經濟以空前之勢持續成長。一九五〇年，全球經濟總產值為五兆美元，而推估一九九七年將高達二十九兆美元。短短半世紀間，全球物料或服務的產值可說大約成長了六倍。而更令人吃驚的數字則是，一九九〇年到一九九七年之間的經濟成長率。自九〇年代初期緩慢起步後，一九九五年開始，世界經濟即以年平均百分之四的驚人速度，迅速發展。從一九九〇年到一九九七年的七年間，全球物料和服務的總產值增加達五兆美元，這個成長幅度可說是足以和自有人類文明開始到一九五〇年之間的成長相匹敵。即便僅就一九九七年一年來看，這一年一・一兆美元經濟產值的成長，即凌駕於十七世紀一百年間的總產值之上。

只要年成長率如預期般維持在百分之三，則到二〇二〇年以前，全球經濟可望擴大為五十七兆美元。如果照此速度持續成長，到了二〇五〇年時，更將增加一倍，達一百三十八兆美元。光是目前的經濟活動水準即已面臨諸多環境問題，如果二十三年後經濟產值變成兩倍，抑或五十三年後變成四倍，則究竟會演變成何種局面？

很明顯地，在如此快速的經濟成長下，地球生態系的容納力已達極限。一九五〇年到一九九七年間，木材使用量增為三倍、紙張使用量增為六倍、漁獲量約增為五倍、穀物消費量約增為三倍、鋼鐵產量也約增為三倍，而石化燃料的使用量則增為四倍。類似例子可說不勝枚舉，至於整體傾向更是不言而喻。亦即，縱使經濟擴大，支撐經濟的生態系也不會擴大。而這樣的落差將導致經濟和生態系之間的關係更趨扭曲變形。

毋庸置疑地，造成世界經濟擴大的主因在於人口增加。雖然人口增加率有略顯下降之勢，但是每年仍增加八千萬人，這等於每一年半就有相當於日本的總人口數加入地球人口中。目前世界人口約五十八億，到二〇二〇年將擴充為七十七億。換句話說，地球必須再多養十九億人。更有甚者，隨著亞洲和拉丁美洲富裕階層的增加，每一人的消費量也較以前提高。

## 兩種世界觀的落差

一九九七年四月，國際貨幣基金（IMF）發表了每半年一次的世界經濟現況報告。報告中指出，「一九九七年全球經濟成長率為百分之四·四，成長幅度高居近幾年之冠。主要國的預算赤字減少，國際資金流量為有史以來最高水準，國際貿易也以驚人之勢大幅擴大」。誠如*Financial Times* 所描述的，這份報告可說是「與全球經濟狀況相關的耀眼白皮書」。

關於此世界經濟評價，一九九七年十二月，IMF發表了一份把東南亞和韓國經濟惡化納入考量的特刊。在這份特刊中，IMF把一九九七年世界經濟的成長率，由原先預期的百分之四強，向下調降為百分之三·五。IMF的分析師表示，這次的狀況惡化，在整個世界經濟長期擴大的潮流中，不過是瞬間的亂流罷了。此外，縱使一九九七年底到一九九八年初，東南亞和韓國相繼爆發金融風暴，在許多方面皆可說是世界經濟先驅的美國，依然預測世界經濟普遍仍處於上升走勢。至於自八〇年代後期泡沫經濟破滅後即陷入景氣長期低迷的日本，或者較難接受IMF或美國政府所描繪的世界經濟榮景。即便如此，一般仍預期，中國大陸或其他亞洲國家仍可望維持高度經濟成長。很明顯的，在眾人眼裡，世界經濟整體而言仍呈現持續擴大之勢，毫無止盡。

而我們「看守世界研究中心」則從另一個角度推出《地球白皮書》。此即，每年一月發表有關地球環境狀況的詳細報告，也可說是每年為世界舉行「身體檢查」。自開始出版報告至今，已經過了十五年，然而很遺憾的，每年報告的基本走勢未變，只能說「世界的健康狀態較前惡化」。換言之，「患者」的健康狀態是每下愈況、不見起色；森林面積年年減少，沙漠不斷增加；過度放牧破壞了牧地，耕地則遭土壤侵蝕之害。漁業濫捕的現象，如今已不再局限於特定漁場，而是隨處可見；全世界的帶水層枯竭，宣告著水資源匱乏時代的來臨；大氣中的二氧化碳濃度年年上升，更遺憾的是，預料此趨勢仍會持續；地球上動植物物種的數目也不斷減少。上述傾向明白反映出，經濟已經超越生態系所能容納的範疇。

很明顯的，上述兩造對世界現狀的認知，存在著極大落差。一方預測經濟將會永無止境地持續擴大，另一方則擔心地球生態系的涵容力。對我們而言，填補這種對現實認知的落差，將是今後最大的課題之一。本書首先將說明，此世界經濟難以持續不墜的原因。其次敘述應採取何種因應措施，方能再建得以永續發展的經濟體系。在此，我們也將說明，政治家和企業管理者應採取何種方法，方能順利轉型到新的經濟體系。對人類而言，這可說是最大的難題，同時也是前所未有的巨大商機。

正視現實絕非易事。特別是當這個現實是要求在不破壞最基本的生命支援體系下，尋求得以滿足所有人基本需求的新方法——亦即，要求我們人類改變行為模式時，更是難上加難。

## 面臨生態系統的極限

自有人類以來，我們首度逐漸接近生態系的負載極限。接近極限者，或只限於幾個區域、或整個地球規模，因內容而異。其中，有些甚至已經超越了極限。過去當然也有因環境受壓迫，導致糧食短缺或政治紛爭，進而衰退、消滅的文明。例如，從公元前六〇〇年到公元九〇〇年間，崛起於瓜地馬拉低地，並興盛一時的馬雅文明即是。但是類似這種衰退的產生，通常僅限於某個區域。再者，過去北非曾是羅馬帝國重要的穀倉，然而隨著土壤侵蝕和沙漠化日趨嚴重，其終於無法再善盡穀倉之責。不過，由於整個演變過程非常緩慢，當時的人想必並不瞭解原因。換言之，回溯人類歷史將可發現，截至目前為止，在環境面並沒有任何大的限制。一直到最近，只要有意願，海裡就有多得捕不完的魚、耕種不完的土地，而且只要在漁業技術上投資，引進更大型、最新款的拖網漁船，就可以增加漁獲量。以農業而言，只要增加施肥量，就可以提高土地的生產力。而且只要不斷鑿深井，就有取之不盡的灌溉用水。然而時至今日，左右漁獲量或可汲取水量的因素，並不在於能在拖網漁船或鑿井上投入多少資金，而是在於運用可永續發展的方式，地球所能產出的量究竟有多少。如果魚量本身減少、帶水層不斷枯竭，那麼對拖網漁船或灌溉用深井進行再多追加投資，還是無法解決匱乏的問題。以農業為例，以往只要增加施肥量，收成量也一定會隨之增加。然而，隨著愈來愈多國家把施肥量，控制在農作物可吸收養分的遺傳能力之最大限度，現今增加施肥量已不再等同於提高收成量。

只要看看前面所舉的三個例子——漁獲量、水量、施肥量，就可以瞭解自然限制對經濟發展的影響。左右產能的原因不在於投資，而在於地球環境——這樣的狀況已陸續浮現，我們不能再期待已達容納極限的生態系，能有高於以往的產出。這是個無法想像的未知世界，而我們很難理解這種變化。

人們很想逃避現實，但是只要觀察主要領域最近的趨勢，就會清楚知道，我們比以前更迫切需要立即採取行動，重新建構經濟。如果不能保護支持經濟的系統，則經濟成長勢必也將面臨危機。

## 水源匱乏的時代

逐漸蔓延的水源短缺問題，可說是全球最受輕忽的資源問題。迄一九九〇年代初為止，約有二十六個國家共計二億三千萬人口遭受水源短缺之苦。隨著人口和經濟擴大，對水的需求量提高，預料今後水源匱乏的國家將更形增加。

水的利用方法可分為農業用水、工業用水、家庭用水等三類。引自河川或自地下帶水層抽取而來的所有水源中，大約有百分之七十用於農業、百分之二十用於工業，剩下的百分之十則用於家庭。

生活在現代工業國家的人，視「轉開水龍頭，水就會源源不絕流出」為理所當然。但是，如果觀察隱藏在其背後的全貌就會發現，帶水層正以前所未有的速度，逐漸走向枯竭。水資源枯竭會直接影響糧食的前景，這點不管對已經遭受水源短缺之苦的國家，抑或像日本這樣尚未迫切感受到水源短缺嚴重性的國家來說，都是一樣的。

從本世紀中葉至今，水源的使用量膨脹為三倍，直接導致過度抽取。所有的大陸都面臨地下水位下降的問題。不管是美國、南歐、北非、中東、中亞、南非、印度亞洲大陸及中國大陸的中央部、北部皆是。帶水層枯竭，加上人們又把水源轉用到農業以外的用途，導致灌溉的新計畫難以施行。為此，全球平均每一人的灌溉用地，從處於巔峰的一九七八年到一九九五年之間，已經減少百分之五（圖一）。雖然許多國家的政府都對水源短缺問題關切日殷，但是大多數仍把水源問題和糧食問題視為兩回事。然而，若考量有百分之七十的水係供灌溉使用，就會發現未來水源匱乏其實也意味著糧食匱乏。

事實上，水源短缺可能會因為左右糧食供應量，而間接威脅到經濟發展。當前過度抽取灌溉用水的地方，不久的將來，灌溉勢將減少，而此即意味著糧食產量會減少。只要考量全球穀物當中，有百分之四十係仰賴灌溉栽培，則水源短缺絕非大家所樂見。目前已經有許多國家因為逐漸無法灌溉，以致不斷增加穀物進口量。同時，在

### 圖一 全球平均每一千人的灌溉面積
### （1961~1995年）

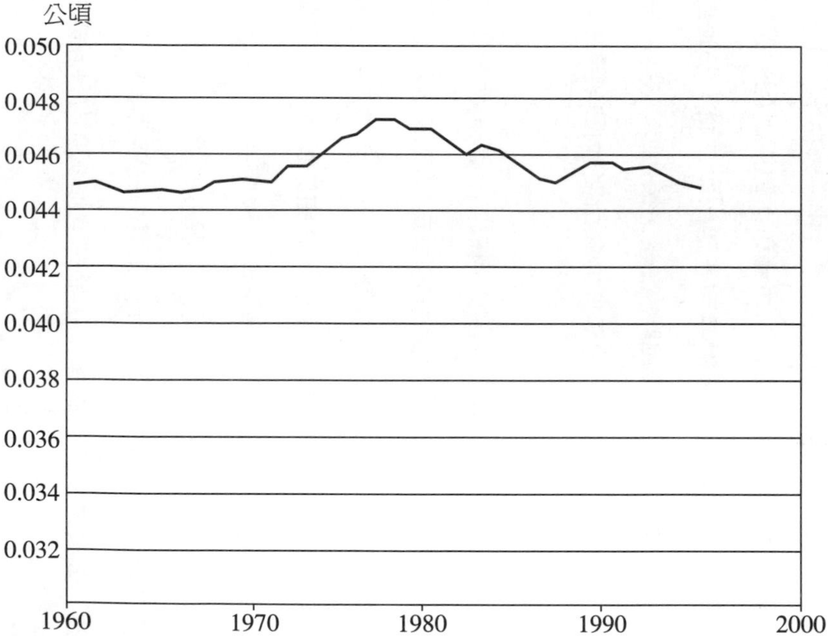

糧食需求增加的帶動下，穀物價格已開始高漲。對於日本這種百分之七十穀物必須仰賴進口的國家而言，一般人必會逐漸體認到「水源短缺→糧食不足→糧食價格高漲」的惡性循環。

全球人口不斷增加，所需水量遠超過可供給水量的區域日增。有些評論家甚至認為，類似中東這樣面臨嚴重水源短缺的區域，未來水源將會取代石油，成為戰爭的導火線。如果水源日趨匱乏，而工業用水或家庭用水的需求量卻不斷攀升，那麼轉用自灌溉的水量勢將更為增加。

當灌溉用水不足，糧食產量不夠時，就必須增加穀物進口量，以為補充。如此一來，世界穀物市場將可能不斷爆發環繞水源的諸種紛爭。而贏得勝利者，恐將不是軍事上的強國，而是財政上的強國。

與水源相關的問題不勝枚舉。中國大陸的黃河和美國的科羅拉多河等大河，一年當中已經有幾個月時間無法流到大海。海洋和河川維持複雜的共生結構，因此，一旦河川乾枯，將會對水源的生態系統造成難以預料的影響。再者，如果為滿足都會的消費者或經濟活動所需，而增加轉用自灌溉的水量，則必將導致都市和農村之間的水源紛爭更形激烈。此外，水源污染已經在中國大陸等地造成問題。亞洲地區由於經濟急遽發展，幾乎可說是在無管制情況下推動工業化，因此預料水質污濁將會成為亞洲地區的一大環境問題。總體傾向已昭然若揭，整個地球規模已面臨水源短缺的時代，而「水源短缺」這樣的自然限制，將會妨礙經濟活動或阻撓世界經濟發展。值此邁向公元二〇〇〇年之際，水源匱乏可說是全球面臨的問題中，最受輕忽的資源問題之一。

## 人口增加＋富裕人口的擴大＝糧食短缺

全球的糧食需求，尤其是穀物需求正顯著成長。光是每年增加八千萬人口，就使得二千六百萬噸穀物的追加成為必要。而開發中國家，特別是亞洲地區一九九〇年代經濟迅速發展、富裕階層急遽增加，促使糧食需求成長更加快速。

穀物需求以前所未有的速度急遽擴大。相對的，收穫量的成長幅度卻趨於緩慢，為此，全球穀物的累計儲備（下次收穫開始時的儲備量）正不斷減少。一九九六年的穀物累計儲備為史上最低，降至全球消費量的五十一天份。這個數字還不到一九八七年最高峰的一半（**圖二**）。雖然一九九六年，在天公作美情況下，全球的主要糧食生產國皆空前大豐收，但是，已被打破的儲備水準卻幾乎沒有恢復。一九九七年亦同，雖然豐收，但是儲備水準仍不見恢復。水源短缺也是糧食發生匱乏的原因之一。糧食匱乏問題正不斷快速地躍為這個時代的關鍵因素。

對海產、肉類、大豆等高蛋白質食物的需求不斷增加，乃造成世界糧食資源壓力增大的主因之一。就這點而言，中國大陸或許扮演了「警鐘」的角色，喚起我們國家經濟官員或政治家的注意。近來，中國大陸已經從穀物的實質出口國，搖身一變成為實質進口國。對向來信心十足的中國大陸政府而言，這樣的轉變也是一大衝擊。事實上，一九九五年中共國家主席江澤民即表示，中國大陸糧食短缺的問題已逐漸浮出檯面，他並提出警告謂「從農業成長遲緩可能衍生出通貨膨脹及對國家穩定性、國家經濟發展構成威脅的問題」（《誰來養中國？》）。從大局上來看，人口增加再加上人們不斷往食物鏈上方爬升，將可能導致糧食需求增加，使整個亞洲的政治和經濟穩定遭受

圖二　全球穀物累計儲備（消費日數換算）
（1961~1998 年）

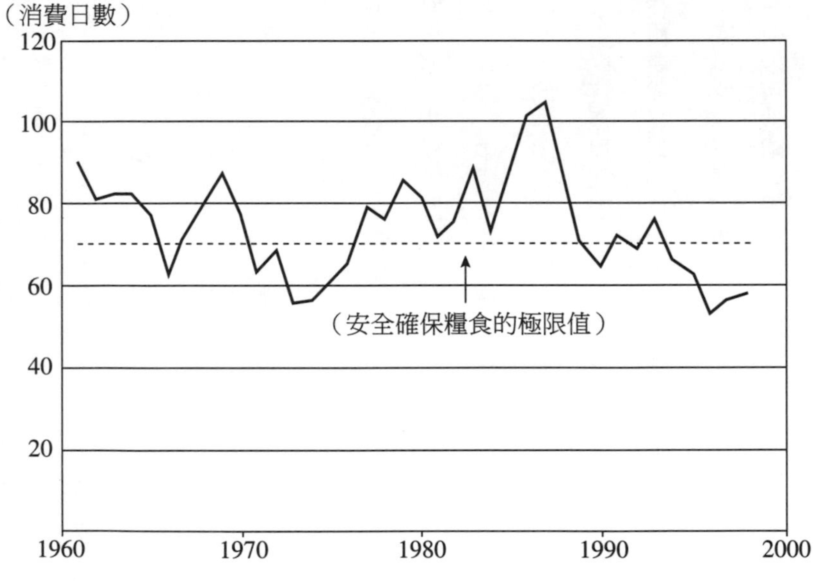

嚴重威脅。如果人們不斷往食物鏈上方爬升，將會帶來什麼結果？就此而言，中國大陸也可說是一個衝擊的例證。

從窮人的觀點來看，買得起高蛋白質食品，特別是肉類，乃是經濟發展、生活品質提升的指標。當中國大陸內陸的村民在一九九三年被問及「生活狀況是否改善了？」他們如此回答：「整體而言，生活獲得了相當大的改善，因為我們家現在一個星期可以吃四、五次的肉，但是十年前根本沒吃過肉。」然而，當十三億人口開始可以一個星期吃四次或五次肉時，究竟會造成什麼結果？目前中國大陸每一人一年平均消費四公斤牛肉，而美國則是四十五公斤。萬一中國大陸意圖縮減兩者之間的「牛肉落差」，則會造成什麼後果？生產一公斤牛肉，通常需要七公斤的穀物，換言之，若要生產這麼多牛肉，大約需要三億四千萬噸的穀物，而這個數量相當於美國穀物的總收成量（圖三）。

接下來我們再舉些簡單明瞭的例子。如果中國人一年再多喝四瓶啤酒，將消費掉挪威所有的穀物收成量。再者，如果中國大陸的海產消費量達到日本人的水準，則將

圖三 中國大陸──飼料用穀物的量
（1960~1997年）

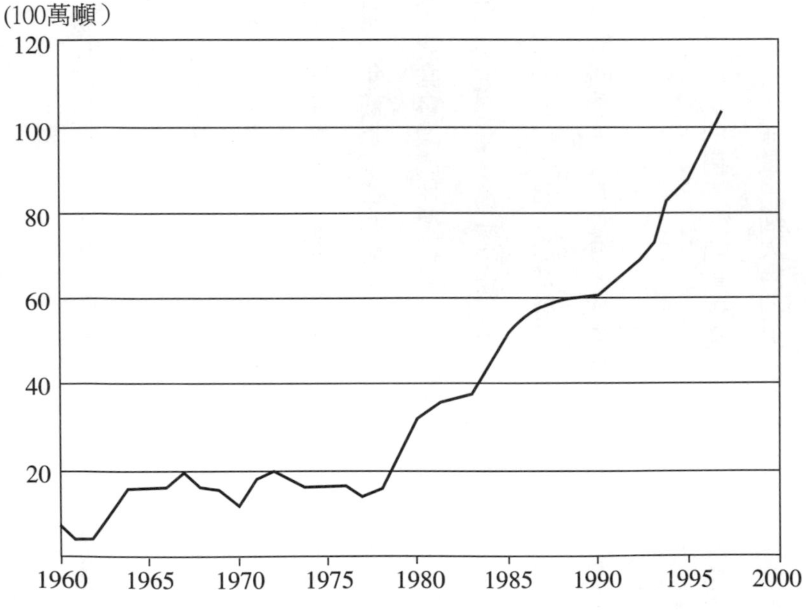

吃光全球所有的漁獲量。

我並非在批評中國人或意圖對其飲食習慣做任何指示，不過，中國大陸因為人口眾多，因此往往能成為使他國恍然驚醒的案例，畢竟不管任何事物，只要乘以十三億，就會變成天文數目。未來逐漸往食物鏈上方爬升者，並不局限於中國大陸，擁有大約九億六千萬人口的印度等亞洲或其他開發中國家的幾十億人口也一樣。這會造成何種結果？那就是——必須仰賴穀物進口的國家會愈來愈多。屆時究竟誰能生產足夠的穀物呢？如果最近的收成傾向維持不變，那麼很遺憾地，答案顯而易見。想爬到食物鏈上方，達到和美國人相同飲食水準的人口不斷增加，但是，地球恐怕沒有足夠能力，生產因應這些人口需求的穀物。雖然世界銀行或「聯合國糧食與農業組織」（FAO）對穀物供應抱持樂觀預測，不過也並未預估地球能生產足以供應全球人口達到與美國人相同生活水準所需的穀物。

日本政府在一九九五年下半年發表了與全球糧食狀況相關的評價報告，此報告指出，二〇一〇年小麥和稻米的價格或許會漲為兩倍。這個看法和世界銀行的糧食預測

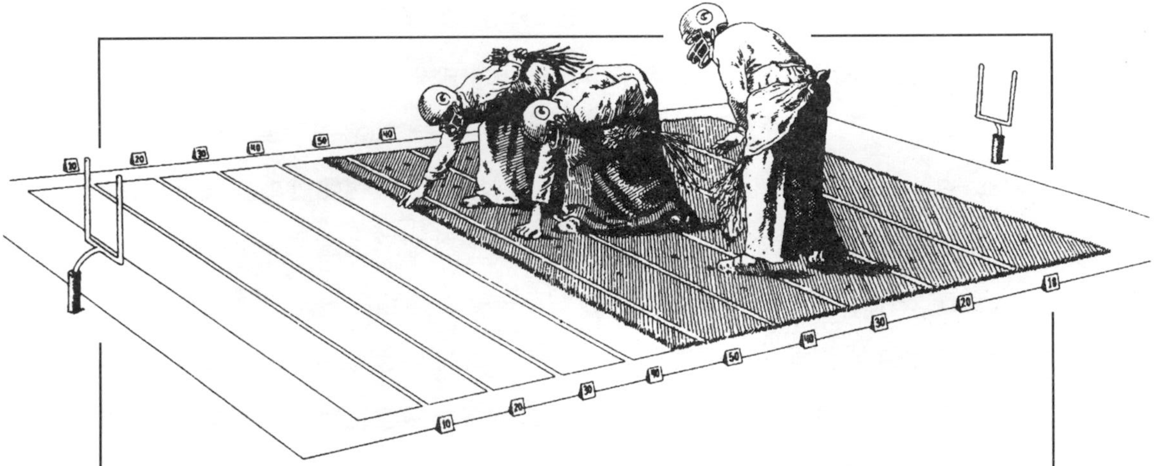


## 若將人生比喻成橄欖球賽……

一九五〇年，全球每一人的平均穀物栽培面積為0.23公頃。這個數字相當於美式足球賽場地的一半多一點。其後，每一個人的平均面積減為0.12公頃，幾乎少了一半。

這種狀況就像是從52碼線被推回27碼線一樣。雖然想守住世界糧食供給的目標（goal），但是距後衛來到目標線上已經沒有多少距離。

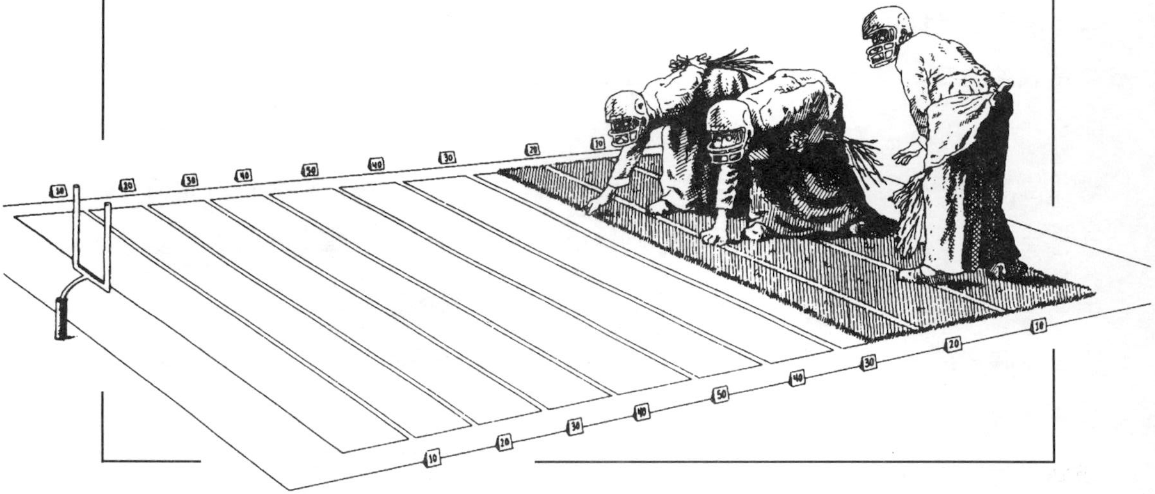

背道而馳。在世界銀行或「聯合國糧食與農業組織」負責農作物供需預測的經濟學者，已經連續好幾年預測：到二〇一〇年為止，穀物會一直處於過剩狀態，穀物價格會持續下跌。不過，日本政府的預測則把當前面臨的自然限制因素，例如，農作物對肥料的反應日漸遲鈍、主要糧食生產區域的帶水層耗竭、灌溉用水被轉用為都市用水、耕地喪失等在亞洲地區尤其顯著的各種限制因素，列入了考量。日本政府的這份報告書，顯示日本首次決定「告別」世界銀行的樂觀預測，而透過此舉，必能使一般大眾更瞭解須立即採取行動的緊迫性。

一旦世界各地皆需進口大量穀物、糧食持續不足，則「五十八億人口和我們賴以為生的生態系及資源之間的關係大有問題」之警鐘勢將敲起。若再加上水源短缺，則我們恐怕必須對「安全保障」重新定義。而人們也會認識到「水源和糧食短缺將動搖經濟安定，而其威脅安全保障的程度，將遠甚於軍事侵略」。

## 森林消失於地球之日

森林是生態系的中心，它使水循環維持穩定、保護土壤免受侵蝕、培育眾多植物和動物、提供各種產物。隨著世界經濟規模擴張，對森林產物的需求也和對其他資源的需求一樣，擴增為數倍。自一九五〇年以來，木材的使用量已增為兩倍以上、紙張的使用量激增為六倍、薪柴的使用量也隨著開發中國家人口的增加而急速增加。觀察一九九一年到一九九五年之間的變化將可發現，每年平均有一千一百三十萬公頃的森林消失。換言之，每三年就有相當於日本國土面積的森林，從地球上消失。

樹林消失不僅危及森林而已，沒有樹木植物覆蓋，土壤將受到侵蝕；地表的植物一旦減少，吸收降雨的能力也會減弱，導致洪水頻仍。一般推估，高達五億七千九百萬公頃（日本面積的十五倍）的土地，將會在森林消失影響下，直接或間接劣化。

從整個地球來看，森林消失將更加深全球溫室化的嚴重性。石化燃料的使用量自一九五〇年以來增為四倍，加上森林消失導致自然吸收二氧化碳能力受損，以致碳的排出量呈現過剩之勢。結果，大氣中的二氧化碳濃度上升為十五萬年來最高水準。誠如調查「大氣中二氧化碳等溫室氣體濃度上升對氣候之影響」的電腦模擬模式所預測，目前氣溫正不斷升高當中，若是熱帶雨林更進一步消失，勢將加快目前已成為嚴重環保問題的溫室效應腳步。

雖然全球正針對環繞森林未來的相關問題，不斷進行論戰，不過，一般認為這主要是包括日本大企業在內的「砍樹派」（為了取得木材而贊成伐木者）和「護樹派」（希望保護森林使其成為未遭破壞的生態系者）兩派人士之間的拔河。然而，對大多數的開發中國家而言，兩造的意見都無法百分之百滿足所需，同時也不夠切合實際。如果濫伐濫砍，則森林的生態系早晚會淪落到不可收拾的下場，但是如果束手不去碰觸廣大的森林區域，則又無法因應力圖從經濟面著手，以使增加的人口生活有所提升之需求。在此情況下，為了使氣候維持穩定、抑制物種絕滅、維持大部分世界人口的生存，我們必須儘快以可永續發展的方法，朝著善用森林的方向發展。為此，價值觀和消費模式也必須做大幅度改變，或許富裕國家的人民會認為「做不到」，但是，如果此刻不採取必要行動而繼續維持歷來的做法，則以後付出的成本將更高昂。

## 物種滅絕危害經濟安定

隨著世界經濟不斷擴大，不僅支持我們的生命支援體系受害，和我們共存於地球上的其他物種也瀕臨生存危機。舉例來說，地球上的鳥類大約有一萬種，而有正式報告指出，其中有一千種以上正面臨滅絕的危機。此外，四千四百種中，有一千一百種瀕臨絕種危機的哺乳類狀況更是危急。而哺乳類當中最近似人類的靈長類，則幾乎是二百三十二種皆處於危機，有人甚至認為，其中恐怕有一半即將絕種。至於魚類則包括淡水魚、鹹水魚在內的所有物種，三分之一正處於絕種危機。

這五十年間，由於人類的數目激增，對生態系的要求大幅增加，因此，對人類以外的眾多生物而言，未來呈現一片黯淡。由此可知，人類對地球上的其他萬物，特別是如前所述最近似人類的靈長類，幾乎不寄予絲毫同情。物種如果消失，整個生態系將會受到影響，特別是傳播花粉、散播種子、牽制害蟲等大自然所提供的服務，將會出現問題。如果物種消失，則由各種生靈編織而成的網將會出現疏漏。一旦這種狀況持續發展，整張生命網就會出現巨大破洞，而地球的生態系將有丕變的危險性，而且這種丕變將造成無可挽救的局面。生物物種愈多樣化生態系即愈穩定，而物種以目前的速度逐漸喪失其多樣化即意味著，人類正威脅整個地球生態系的穩定。當我們主張：「其他生物也有其各自存在的獨特價值，我們人類不應這樣迫害它們」，而主流派經濟學者卻依然不能瞭解這個問題的重要性時，我們只須換個方式說：「一旦地球上的生物持續不斷消失，經濟體系和社會體系也必將受到巨大動搖，無法倖免」，則必能獲得他們的認同。

## 人類是掌控氣候的神？

到目前為此，我們觀察所見的趨勢極為明顯。換言之，不管是水源、森林、物種滅絕，其狀況只有益形惡化，不見好轉。而最後一個瀕臨搖擺崩潰邊緣的生命支援體系案例，即地球的氣候體系。地球溫室化的證據，逐年累積。自一八六六年開始記錄以來，一百三十年間，氣候最溫暖的十四年，發生於一九七九年以降（圖四）。不管是地球哪個角落，只要經濟邁向工業化，就會運用石化燃料（主要為石油和煤炭）來發電。隨著石化燃料使用增加、森林加速消失，大氣中的二氧化碳濃度乃隨之逐步上升。

二氧化碳也和其他溫室效應氣體一樣，會封閉熱氣、提高溫室效果。許多科學家指出，雖然溫室效應本身是地球大氣的自然結構，但是如果這類氣體無限制排放，將會招致大規模的氣候變遷。一九九五年，擁有兩千五百名科學家的「聯合國全球變遷政府間研究小組」（IPPC），發表如下結論：檢視各項證據即可發現——人類正影響著地球的氣候。

與溫室效應氣體相關的現象已隨處可見，例如，北極的冰塊已經破裂且開始溶化；從阿爾卑斯山脈到安德斯山脈之間，全球山頂上的冰河正不斷後退；對氣溫變化敏感的珊瑚礁因為承受壓力而顏色白化；季節交替也逐漸背離正常時機；再者，前所未有的強烈暴風雨正侵襲著世界。

**圖四　世界的平均氣溫**
**（1950~1997年）**

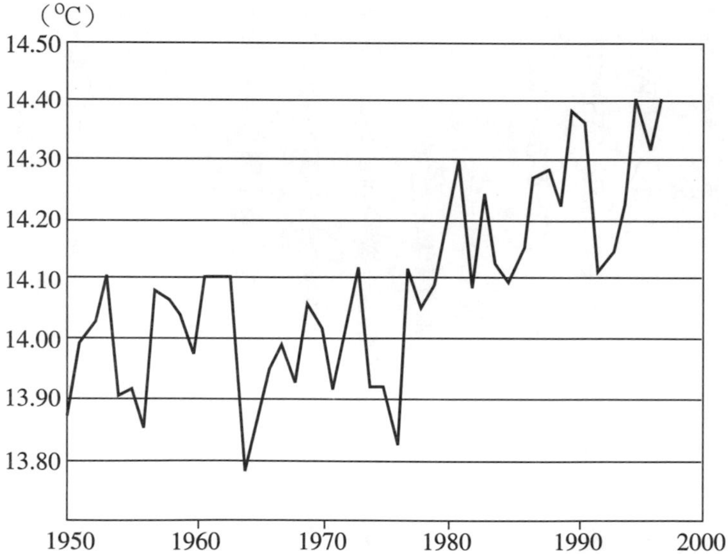


資料來源：看守世界研究中心編撰

理論上，這種溫室化現象也有些許可能是可以控制在氣候的自然變動範圍內，但是，如果我們憑藉這小小可能即認為「仍可持續排放溫室效應氣體、仍可排放更多氣體」，則未免過於冒險。自然是否有強大的復原力？能否取得糧食和水？人類是否可以確保健康？世界經濟是否可以蓬勃發展？這些答案完全取決於氣候。史丹佛大學的氣候科學家史帝芬・修奈德在他的新書《地球實驗室》（*Laboratory Earth*）中指出，「持續以這種速度改變氣候，就像一場『拿地球做賭注，只准贏不准輸的賭博』」。

觀諸二氧化碳即可發現，工業國的排放量可謂獨佔鰲頭。美國的人口約佔全球的百分之四，但是卻排放佔全球百分之二十五的碳。再加上許多亞洲和拉丁美洲等開發中國家經濟急遽發展，因此預料今後幾年內，碳的排放量將會急速增加。

一九九七年十二月初，來自全球一百九十二個國家的代表聚集在京都開會，希望針對大氣中二氧化碳等溫室效應氣體濃度上升問題，尋求因應之道。會議接近尾聲之際，為尋出妥協點，與會人士徹夜進行艱難交涉，並達成工業國家在二〇一二年以前，把二氧化碳的排放量回歸到一九九〇年水準，再削減百分之七（日本為百分之六）

之協議。此數字遠低於歐盟所提議的百分之十五，但是卻凌駕在美國與日本當初提議或支持的目標值之上。現階段，此京都議定書仍須獲得世界各國國會的認可，而美國國會是否會批准，仍是未知數，因為議定書中並未納入開發中國家方面的保證，而開發中國家的保證又是抑制全球二氧化碳排放量成長所需。即便議定書獲准成為國際公約，但是事實上，當二氧化碳排放量在經濟發展的蓬勃趨勢下，朝增加之途邁進之際，各國政府勢將仍需面臨縮減排放量的難題。

首當其衝受氣候變動巨大影響者，恐怕是保險業界。保險業界的領導者們對溫室效應向來抱持高度關切。海水的溫度如果上升，尤其是在熱帶或亞熱帶地區，則排放在大氣中的熱能將會增加，暴風雨的原動力將會加大，結果將造成強烈且深具破壞力的暴風雨更加頻繁發生。全球與天候有關的保險損害賠償金額，在一九八〇年代時，十年間共計一百七十億美元，但是進入一九九〇年代以後，迄今為止已達六百六十億美元。由於風險大幅增加，以致連略顯保守的保險業界都開始認識氣候溫室化的潛在危險。最近，全球約六十家主要保險公司的經營者，簽署了一份要求政府減少二氧化碳濃度的聲明書。換言之，人壽保險業界向政府提出要求石化燃料業界減少產出之提案，此舉創下某個主要業界要求其他主要業界減少產出之先例。

目前，仍有對「氣候真的在變動嗎？」、「二氧化碳的排放量增加真的會導致大災害嗎？」這兩個問題抱持懷疑態度的多疑人士。這些人利用提出這類疑問，故意誤導人們。大部分的科學家雖無法真確掌握氣候變遷在各區域產生的具體影響，但卻一致認為，氣候變遷的確在發生。為此，我們應質疑的是「究竟會有什麼危機」、「如何規避無法容許的危機」，而非前述的兩個問題。

古代文明中，與危機相關的質疑總是委任占卜師或預言家負責。然而，時至今日，我們既會運用危機管理所需的現代化分析工具，又豈可漠視所有可能引發毀滅性結果之氣候變遷徵兆。連英國石油（British Petroleum）、硯殼牌（Shell）等石油公司，都認識到這個問題的重要性。人類以往不曾面臨規模如此巨大的風險管理，而今，全球企業必須認真執行此空前規模危機管理的時機，已然來臨。

全球海平面上升狀況：這一百年間全球的海平面上升了10~25公分。一般認為，因受氣溫上升引起的水膨脹影響，上升了 2~7公分；因受南北極和山頂冰雪融化影響，上升了2~5公分。
格陵蘭北部的冰帽
白令冰河
70°N
冰河國家公園
45°N
美國西南部——一般認為韓特病毒和異常氣候有關（1993）
墨西哥山脈、中美、哥倫比亞——高地發生登革熱的情況較以往為多（1993~）
奎魯卡亞冰帽
其他的安地斯山冰河
秘魯沿岸——一般認為霍亂發生和聖嬰現象有關（1991）
南極半島
——冰棚
南極大陸
南極

## 〈氣候變遷的呈現嗎？〉

地球至少從西元1400年開始，即逐步增暖（這一百年間上升了攝氏0.3~0.6度），科學家發現了人類引起氣候變遷的重要證據。過去一百四十年內產生的長期氣溫變化程度、時期、地理模式，和預測人為活動（類似燃燒石化燃料等）排放的氣體增加之電腦模式一致，被認為係因溫室效應提高而引起之變化，在整個地球、區域已日益顯著。這張地圖只顯示了這種變化的幾個例子。

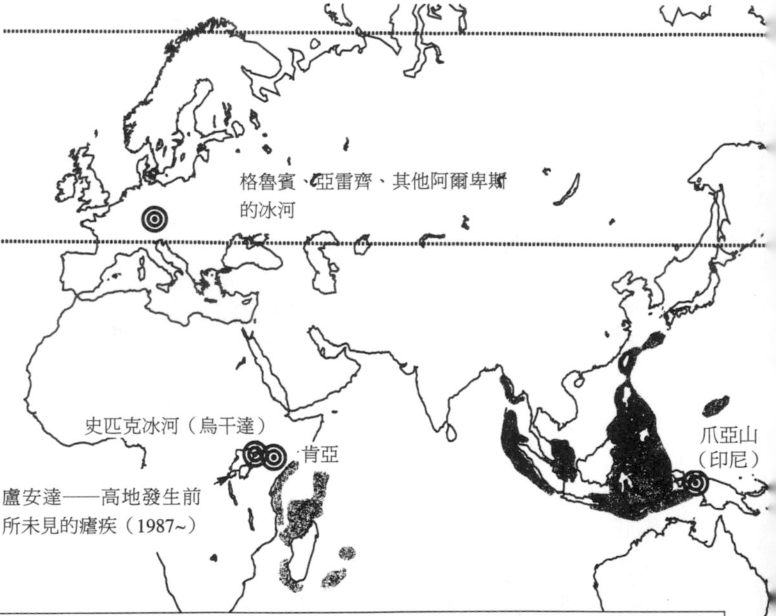


**KEY**

◎ 冰河後退和冰帽融化：氣溫上升造成南北極和山頂的冰融化。

▦ 起因於氣候變遷的疾病：大多數傳染病的媒介動物都會為氣候條件所左右。氣溫和降雨量的變化將導致疾病大量出現。

□ 珊瑚礁白化現象：氣溫上升造成壓力，導致珊瑚礁變白，成長減弱，海底生物的重要住處受到嚴重威脅。

⋯⋯ 觀察到季節反常的地帶：20世紀下半，北緯的季節交替開始出現異常。春季比以往早到，秋季比往常來得慢。

註：這張地圖僅呈現了一小部分實際發生的現象。

## 人類是否遺傳了猴子的殘缺

如前所述，不管從哪個角度來分析，預料未來環境仍將更為惡化。若欲建構環境上可永續發展的經濟體系，則此體系非得是尊重生態原則的體系不可。與可永續發展有關的生態原則，已被完整建立。誠如未達航空力學基本原則，飛機就無法起飛一般，若沒有達到生態的基本原則，則經濟也無法永續發展。

建構可永續發展經濟體系所需滿足之生態學條件，極為單純明瞭。從長期的眼光而言，碳排放量不得超出二氧化碳固定量。就防治土壤侵蝕而言，收成不得超過新土壤經由自然過程形成的量。森林產物，不能超出森林以可永續方式供給的量。植物、動物滅絕的物種數量，不得超越進化過程中新誕生的物種數目。抽取的水量，不得超過帶水層以可永續型態再補給的量。漁獲量不得超過漁場可永續維持之捕撈量。然而，即便這種攸關生死的重要動向、相關資料年年被更新提出，同時人們也有足夠的技術能力，開始認真處理相關問題，但是「應採取的行動」和「實際的行動」之間，鴻溝依舊逐年擴大。

「應採取的行動」究竟有多大規模？問題究竟有多迫切？理解的人微乎其微。知道「應做那個」、「應做這個」，也知道資源回收、保護野生動物有其必要的人相當多。然而，目前所需要的卻是在此之上，從更根本之處進行顛覆的變革。人類是地球上智能最進化的物種，何以會在擁有這麼多明確科學資料的情況下，還不採取充分的因應行動？

誠如生態學家保羅・艾爾喜以前所說的，或許從某個觀點而言，我們背負著進化上的殘缺（handicap），無法有效因應悄然接近的威脅。透過進化的歷史，名為人類的物種，對突如其來發生在身邊的明確危險，習得妥善因應之道。當小樹枝折斷的聲音傳來時，或許表示猛獸正偷偷來襲。因此，只要聽到「咔哧」的聲音，腎上腺素分泌就會迅速增加，採取緊急行動。但是，一碰到整個地球環境發生「眼睛看不見」的緩緩變化時，人類似乎就無法清楚理解該事實。即使土壤侵蝕、人口增加、帶水層枯竭、物種減少等問題被擺在眼前，然而，在因應緩步惡化的傾向上，造物主或許並未在人類的演化上設計相關機制。腦袋雖然能夠處理資訊、畫出圖表，顯示何種危險正逐步迫近，但是在立刻採取有效行動上，卻非常遲緩。

「人類可以因應眼睛看得見的迫切問題，卻無法因應眼睛看不見的漸進傾向」——從相對的觀點來呈現此「進化上的弱點」之一例，乃是「臭氧洞」（Ozone Hole）——大氣中臭氧層減少的問題。此「臭氧洞」問題可說是地球規模的環境問題當中，我們因應最得宜者。一九八七年蒙特婁（Montreal）議定書被提出，世界各國決定對以氟氯碳化物（CFC）為主的各種氣體之使用加以管制，最後更將全面禁用。此公約被提出時，眾多國家以驚人速度進行交涉、簽訂。而透過此議定書及其後的行動，氟氯碳化物氣體的使用削減了百分之七十七。不過，我認為此驚人進展係得力於可以實際測定臭氧層破洞所致，因為真的可以看到南極上空的成層圈有「破洞」。

「看守世界研究中心」一直不斷努力，期能解決上述認知上的殘缺。為了讓政治家、企業領導人及一般大眾能採取適當的因應措施，我們力圖藉由出版品和演講，以清楚可見的形式呈現此惡化徵兆，也力圖究明人類的生活方式、經濟活動和環境變化之間的關聯。關鍵性的質疑是：「我們是否會據既有的資訊，採取充分行動？抑或要經歷更悲慘的經驗，才肯改變？」

換言之，「我們知道應該做什麼嗎？」如果答案是肯定的，那麼「我們是否真的想做必要的改變？」本書希望能逐步探討第一個問題的答案。

我們的確知道應做什麼，並且擁有所需的資金和技術。接下來的問題——即「我們真的想做必要的改變嗎？」——則似乎成為一大瓶頸。「阻止地球環境惡化所應採取的行動」與「實際的行動」之間，落差年年擴大。為了縮小兩者之間的鴻溝、扭轉趨勢，使世界經濟確實朝可永續發展的方向邁進，我們是否可超越萬一有事即引發政治變化所需的防線？全球的環保官員幾乎都知道，只要目前的體系不變，不僅地球環境會日趨惡化，經濟也會衰退。然而，既得利益者反對改變，而超越此阻礙所需的政策奧援卻還不夠充分。

就拿重要問題之一的氣候溫室化來說，下自美國的碳坑公司、上至科威特政府，煤炭、石油等相關領域的大企業紛紛出資，強力推動提供錯誤資訊之作戰。換言之即：石化燃料領域的既得利益團體，提供一小撮科學家豐沛的資金，要他們定期提出批評地球溫室化假設、混淆國民視聽的報告書和聲明書。這種利用「受僱專家」的作法，實和以往菸草業界採行的策略極其雷同。菸草業界曾意圖利用醫學專家，否定抽菸和罹患肺癌之間的關係。然而，這種作法已過時，石化燃料能源業界也該放棄這種資訊操縱手法了。

能源業界當中，也有公司在這一年內積極進行轉型。率先發難的是英國石油公司，該公司於一九九七年五月，宣佈一項大規模投資計畫，期能在太陽能發電領域躍居全球首位。該公司總經理約翰・布朗在史丹福大學舉行的重要演講中表示：「思考如何從政策上因應氣候變遷，並非要等到溫室效應氣體和氣候變遷的關聯獲得決定性證實才來著手，而是應從無法否定其可能，且其已被視為社會（我們也是其中一員）的重要課題時即開始。從我們英國石油公司的角度而言，此時點已經來臨。」誠如某環保人士所言，這對大石油公司而言，可說跨出了一大步。

石油業界中，另一家尋求蛻變的公司乃硯殼牌。該公司於一九九七年十月發表一項計畫，決定十年內在太陽能發電領域投資十億美元以上。兩家全球屈指可屬的大石油公司所展現出來的魄力，意味著，以往甚至不承認地球溫室化現象存在的業界，已逐漸發生根本性變化。也有公司從替代能源中，發現巨大商機。石油、煤炭的產量，一年充其量不過只有百分之一、百分之二的成長，相對的，太陽能電池在九〇年代則以百分之十五的年成長率、風力發電更以高達百分之二十五的年成長率迅速成長，由此可知，這些業界的商機遠較石油、煤炭為大。

此外，除了英國石油和硯殼牌兩公司之外，在本書的最後一章，我們還要介紹一些未來導向型企業，這些企業將所有環境「問題」，轉變成充滿無限潛力的機會。可永續發展的經營手法，不僅可消除道義上的罪惡感，更會回饋在企業的亮麗業績上。

容我再重複一次，當前我們所需要的是，廣泛地進行根本性變革。任何人都可以舉出數百項憑一己之力做得到的事。例如，改變飲食習慣、更有效率地使用能源、資源回收、不開車改騎腳踏車、最多只生兩個孩子（進行世代交替、替代雙親所需的人數）等。個人能做的事不勝枚舉，但是重要的是應有「只有這樣是不夠的」觀念，必須從社會和經濟結構的本身加以改變。

如果不重建經濟，則其支援體系將日趨惡化，最後將面臨經濟衰退局面。而若欲改變整體結構，就必須積極參與政治。不管是個人或公司，都應思考嶄新的政治活動，而這種嶄新的政治活動未必和具體的政黨或政黨利益相連結。不管是能源領域、石油業界、汽車廠商，都存在著強力的既得利益者。我們既須傾力突破此障礙，亦須積極參與政治，同時更應選擇理解這類問題且願意主動因應的政治領袖。

如果我們真的關心未來，希望為兒孫留下可永續發展的未來，就必須更積極活動。不管是政治或商業，都應負起改變的責任。我們每個人都擔負重要的任務。為了將經濟引導至可永續發展的型態，我們可以採取什麼實際行動？——本書希望能對此提出解答。

接下來的章節中，我將列舉五個建構可永續發展經濟所需的步驟，並做一說明。這五個步驟包括：捨石化燃料，轉而採用可再生能源；建構循環型資源回收經濟；重新設計交通系統；力圖人口和糧食之間的平衡；以及儘早使世界人口維持穩定。

# 2

# 邁向新經濟的五大步驟

## 轉用新的能源資源

近年來，「企業再造」（restructure）、「再造工程」（reengineering）等詞語，在經營者之間蔚為流行。雖然流行語一旦不流行，其意義就不再受關注，不過，在日本廣為流傳的「企業再造」，卻似乎有了特殊的意涵。只要聽到「企業再造」一詞，大家可能馬上就會聯想到「啊！這就是為了削減人事費用而裁員呀！這種經營策略真是糟透了！」

然而，「restructure」原意乃指「再建構」，而我們目前正可謂面臨被迫重新建構整體經濟的局面。

在這個要創造可永續發展經濟的龐大再造工程中，首要工作乃是能源經濟的變革。我們在前面述及：當前我們面臨的最重要課題是維持人口和氣候穩定。那麼，若欲在經濟受氣候變遷影響而變得岌岌可危之前穩定氣候，究竟該採取何種措施？答案是：儘快從以石化燃料（石油、煤炭）為核心的經濟，轉變為以太陽、氫能源為主力的經濟。目前不斷對我們構成威脅的「地球溫室化」，發端於約莫一百年前讓全球經濟搖身一變的能源革命。在此能源革命之後，石化燃料，尤其是石油的消費量急遽增加，石化燃料成為全球產業擴張所需的主要電力來源。

為了解決「最初的」能源革命所製造的問題，必須進行「第二次」能源革命。「第二次」能源革命，除了遽變程度不亞於近數十年來刷新電腦、通訊業界的大變革外，也必定會為許多企業、商業帶來同樣巨大的商機。就像一九八〇年代初期，資訊通訊領域在暴風雨前的寧靜中，悄步邁向波濤洶湧的時期一般，當前大革新的浪潮也正一波接一波地不斷逼近能源業界。

在世界能源史中，一九九〇年代後半可說是「黑暗時代」。石油消費量幾達一九七〇年代後半的史上最高水準。有些國家的需求量，甚至高達百分之十的年成長率。由於挖掘技術進步，加上蘇聯瓦解帶動新油田相繼發現，一般咸認，石油暫時還不會陷入嚴重短缺的境地。除了石油之外，目前許多國家的煤炭使用量仍持續成長，而二氧化碳的排放水準則年年上升。

或許有人會認為「世界的能源經濟不可能發生根本改變」，不過，事實上，相關動作已開始出現。除了人們對環境問題的關心日益高漲之外，卓越的新技術也相繼登場，而在這些後盾下，能源革命正蓄勢待發。由於政府的獎勵政策和民間投資形成強力組合，前景可期的新技術正不斷湧入能源業界。一旦此技術革新腳步加快，必將以破竹之勢挺進。未來研究技術革新的歷史學者們必會歸納出下述結論：「一九九〇年代後半，全球的能源經濟已處於大規模轉變途中」，相信這一天必會在幾十年、幾百年後來臨。

接下來我將舉幾個相關徵兆。首先，目前全球已經有幾家主要的石油公司，決定在太陽能領域投資。再者，觀察一九九七年在京都召開的防止地球溫室化會議中的宣言也可發現，雖然步調稍嫌緩慢，但「地球溫室化的確在發生，必須採取協調行動」之共識，已在國際社會中漸次形成。第三個「徵兆」則是風力發電在世界各地正迅速成長。一九九〇年代成長最巨幅的能源市場不是石油，也不是煤炭、天然氣，而是風力發電。自一九九〇年以來，風力發電市場竟一舉擴大為原來的四倍。而即便僅就一九九六年一年而言，風力發電量也成長了百分之二十六。相對的，核能發電的年成長率竟不滿百分之一，二者形成強烈對比，此外，以煤炭為原料的火力發電於一九九〇年代的成長率竟然為零。

誠如幾年前無法預見電腦、電子產業會在今日如此蓬勃發展一樣，能源的未來也是不可預測的。不過，和以往大異其趣的「新能源經濟」輪廓，已逐漸浮現。其最大特徵為「分散化」。這個和近年來電腦業界倏忽間從大型主機轉移到個人電腦雷同的「快速分散化」，乃是第一個關鍵字。以往只能在大規模發電所集中發電，但是如果使用新技術，將可分散發電。說得極端一點，甚至在各家庭自家發電也不無可能。以往消費者只能向當地的電力公司購買電力，但是今後將可自行選擇自己家裡要用的能源資源。歷來的發電廠多屬大規模的資本集中型，並納於政府的管理之下，相較於此，風力和太陽等能源資源則是分散的，而且成本低廉、結構簡單易懂。與傳統能源相較下，新能源可說更民主。此外，利用太陽能源、風力能源的新技術也陸續登場，並在背後推動地球上最豐富、乾淨的能源資源——而非蘊含量有限且會排放二氧化碳的石油或煤炭——蓬勃發展。朝著這個方向邁進，將可大幅減輕現有能源體系強加在地球生態系上的負擔。

雖說根本性的變革已經開始，不過我想大多數人還是存有「真的嗎？」的疑問！這也難怪，因為當前能源經濟的本質，多半從七十多年前以來即不曾改變。舉例來說，大煉油廠或汽車的內燃引擎、蒸汽循環式發電廠等設備，雖然愈來愈大型、效率也獲得改善，但基本上還是一直沿用相同的東西。或因如此，專家或分析師在思考未來的能源問題時，才會認為「目前的系統將不會有任何變化，大概會這裡一點、那裡一點地小作改善吧！」——可改善的部分將愈趨枝微末節。結果，國際能源機構（IEA）、世界能源會議，以及許多國家政府都據此偏頗看法，歸納出「未來的能源體系，不過是將現有體系的效率稍做改善罷了！」之結論。

前面曾提過，人類具有「進化上的弱點」，可因應身邊發生的急遽變化，卻無法因應漸進式的變化。或許也因為此弱點，人們才看不到風起雲湧的能源革命輪廓。然而，我仍深信目前我們正處在一個大轉捩點上。

革新性新技術陸續抬頭，與此同時，消費者方面也在考慮追求更乾淨的環境、購買低成本的能源。此外，在全球許多國家，向來為政府獨佔的能源領域，也正同時興起「企業再造」或民營化風潮。在諸多背景匯集下，空前規模的變革大浪潮正逐步逼近。這全是因為能源業界的民間企業已逐漸領悟到——若不以可永續發展的方式利用資源，將無法殘存之故。

事實上，目前能利用的可再生能源，多半源自太陽。利用太陽能電池發電的太陽能源固不待言，即便風力、水力也都是衍生自太陽的力量。太陽會溫暖地表，但是因為場所不同，溫暖的方式有異，因此會產生風。水力發電所需的水之所以會循環，也是得力於太陽。「太陽公公」滿足人類的能源需求、提供我們綽綽有餘的豐沛能源。只要把技術適當組合、提高能源效率，則單靠太陽能發電和風力發電，就可以滿足所有產業用、住宅用之電力需求。目前水力發電供應全球五分之一的電力，而風力發電的潛力更為其數倍。

## 風力是二十一世紀的成長產業

雖然有意見指出，在環保的考量之下，我們勢將被迫採取「零成長政策」，而經濟將會隨之衰退。然而，若觀察近年來風力發電業界的發展盛況，前述疑慮將會一掃而空。目前風力發電佔全球電力的比重，尚在百分之一以下，雖然如此，風力發電業界的商業規模仍達一年二十億美元，並以年成長率百分之二十五之勢，迅速成長中。以一九九七年底之時點而言，被設置的風力發電容量為七千六百兆瓦（請參照**圖五**）。風力發電不僅躍居高成長領域，更是幾乎可無限量製造乾淨電力且技術先進的能源資源。

由於二十年來不斷地追求技術革新，風力發電技術展現了傲人發展。目前風力發電的成本已和最新型煤炭火力發電廠同水準，甚或在其之下，並且還在持續下降之中。最新型的風力渦輪（turbine）已經和從前緩慢旋轉、喚起人們鄉愁的風車小屋迴

**圖五　全球風力發電容量**
**（1980~1997年）**

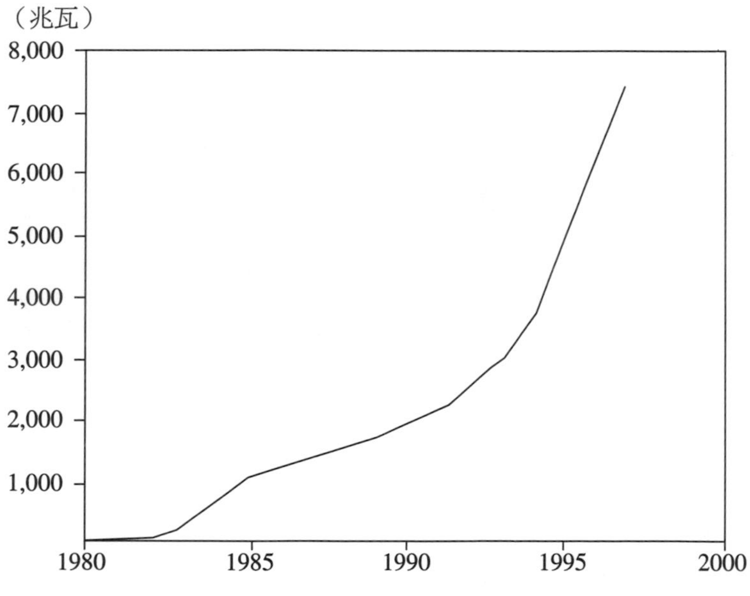

然不同。其乃是由高科技產物「玻璃纖維」所製造，模樣光滑圓潤，並附有不需齒輪的變速機，由最先進的電子儀器控制轉動，大者，螺旋槳（blade）翼長甚至超過五十公尺。和傳統大規模發電廠迥異的是，風力渦輪的款式經常推陳出新，更新的頻繁程度絕不亞於膝上型電腦（laptop computer），新機種不斷被推出於市。而且其亦與膝上型電腦一樣，可以小單位使用。平均一座最新型風力渦輪的發電量為300~700kw，為典型煤炭發電廠的千分之一。

自一九九〇年以來，數千座風力渦輪被設置在十多個歐洲國家境內，其中甚至也有像丹麥這種風力渦輪的供應電力，佔全國總電力達百分之七的國家。目前在美國加州，舊金山住宅區所需的電力，取自風力發電即足以供應。原本搖旗吶喊、鼓吹風力發電最力者乃美國和丹麥，但是現在德國和印度則後來居上。不僅印度，包括中國大陸、巴西、墨西哥、阿根廷等開發中國家也都緊追在後，期能迎頭趕上。這些國家當然也是因為關切環境問題，而對風力發電產生高度關心，不過，其最大的原動力仍莫過於「必須想辦法取得不足電力」之現實問題。開發中國家多半得天獨厚，擁有豐沛風力。不管是從追求乾淨電力的觀點，或是考量未來的永續發展，風力都是無可比擬的最佳能源資源。

批評新能源經濟的人士——在現有能源經濟中有利害衝突的眾多人們——常說：「風力發電無法提供足夠的電力」。然而事實上，風力擁有極龐大的能源潛力。根據美國的風力資源調查顯示，光是利用北達科塔州、南達科塔州、德州等三個地區吹拂的風，即可充分滿足全美的電力需求。中國大陸也進行了同樣的風力資源調查，結果發現，利用風力將可輕而易舉地將目前的發電量提高一倍。而歐洲地區也是只要利用英國和威爾斯的風力，即可供應全歐一半的電力需求。類似這樣的例子，不勝枚舉。由此可知，全球蘊含著極龐大的風力能源。

風力發電還有另一個優點，即設置風力渦輪的土地也可以供作農業、放牧等其他用途。例如，加州北部即好一幅「風力渦輪在天空旋轉，家畜在其下面吃草」的美麗風光。

假如一公頃的田地可以生產三噸小麥，則該土地的價值大概只有四百五十美元。

但是，如果在同樣的土地上進行風力發電，將可生產價值一萬美元的電力。牧場亦同。產出四十美元牛肉的一公頃土地，將可生產價值一萬美元的電力。人們甚至可以照常種小麥、放牧家畜，再進一步雙重利用該土地，進行風力發電。

如前所述，過去率先提倡使用風力能源的國家為美國和丹麥。不過，現在已經有許多國家、企業陸續投入這個不斷成長、潛力可期的風力發電市場。例如，日本的商社「東棉」即計畫投資十二億美元，在未來五年內，於歐洲設置一千座大型風力渦輪。隨著技術進步、生產成本降低，預料風力將會逐漸成為主要的電力來源。亞洲地區由於經濟持續成長，因此對電力的需求也勢將不斷攀升，而日本企業處於可善用此趨勢的絕佳立場，則是毋庸置疑地。

## 太陽能無從衡量的潛力

太陽能發電乃僅次於風力發電之後，成長最驚人的能源資源。一般估計，單就一九九七年一年來看，太陽能電池的產量即成長了百分之四十二（參照**圖六**）。太陽能

## 圖六　全球太陽能電池出貨量（1971~1997年）

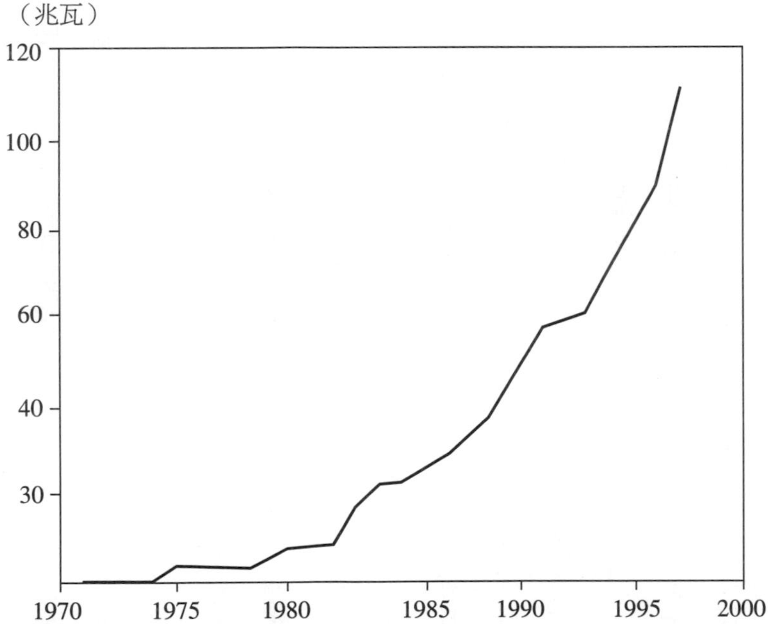

電池為一種半導體設備，由把太陽能直接轉換為電力的「矽」構成，完全不需配備一些供應當前大部分電力的機械式渦輪或發電機等，所有費用高昂且對環境有害的設備。作供衛星或宇宙站的能源資源，乃是太陽能發電技術首次被應用於商業用途，爾後，在供作無法安裝電線地區——先進國家深山裡面的別墅、開發中國家的偏遠村莊等——的電源上，其亦逐漸合乎經濟效益。盱衡在社區正中央建設大發電廠，再建構從那裡送電的送電網之成本，將會發現，以開發中國家而言，在各個家庭內直接安裝太陽能電池，反倒便宜省事。

近來，業界不斷開發使屋頂建材具有太陽能發電能力的「光起電性屋頂建材」，而其努力已開花結果。這種屋頂建材不光是在剛要引新電力的建築物，即便在已從既有電線獲得電力的建築物，也都開始具有競爭力。日本在生產太陽能電池方面出類拔萃，但仍宣佈將在建築物的屋頂上安裝太陽能發電系統，期能在二〇一〇年以前，創造四千六百兆瓦（MW，megawatt）——相當於智利一國的電力——之發電能力。在此領域上僅次於日本，排名第二的美國，不久亦將發表「一百萬家計畫」，以迎頭趕上。

美國的計畫目標為：在二〇一〇年以前，於一百萬棟建築物上安裝太陽面板。目前德國和瑞士兩國在南邊窗戶組入太陽能電池的新辦公大樓，日益增加。透過和當地電力公司之間設立雙向儀表系統（meter system）方式，大樓所有者可以在發電量多時，把電力賣給電力公司，發電量不足時，買回電力。

與風力發電相較下，當前太陽能電池產出的總電量仍微不足道。不過，由於帶動先進國家或開發中國家、企業投入此領域的誘因繁多，未來太陽能源勢將以驚人之勢急遽成長。利用太陽能所需技術也和風力發電技術一樣，已建立完備。而為追求水準更進一步提升、規模更進一步擴大，預料今後相關技術也將陸續被改良。最近日本率先制定推動太陽能發電的政治性決策，一旦這類政治面的行動發酵，太陽能發電的潛力必將立即進入實用階段。透過航空照片的調查可知，即便素來享有「經常陰天」惡名的英國各島，只要全國所有屋頂安裝太陽能電池，在陽光普照的日子裡，即可獲得六萬八千兆瓦的發電量，這個數字相當於目前英國顛峰時間所需電力的一半。

太陽能電池一瓦特電力的發電成本約為多少？一九七〇年代為七十美元，現在則已降至四美元。隨著產能擴增，生產成本更形下降，預料今後大概會降至每瓦特一美元左右。

雖然也有意見指出，為了生產太陽能電池，反而必須耗費許多能源。不過，這種說法可說適用於任何一種產業——甚至農業。為了長遠的利益，初期投資都是必須的。而且，只要未來「由太陽能電池供應太陽能電池所需」之生產工廠系統建立，則為生產太陽能電池而耗費的能源，必將大幅減少。事實上，目前美國馬里蘭州已經有名為索雷克（Solarex，音譯）的太陽能電池工廠，正在親身力行上述理論。在這裡，安裝在工廠屋頂上的太陽能電池，供應了生產太陽能電池所需的大部分電力。

有些大企業已開始認為太陽能電池前景看好，值得投資。我們在前面提及英國石油公司和硯殼牌等大石油公司，已經邁出投資太陽能電池的一大步，而美國的天然氣大廠安農（Enron，音譯）亦同。該公司和石油公司亞美和（Amco，音譯）共同出資成立公司，在太陽能電池的生產上進行大手筆投資。安農收購了美國最大的風力發電公司宗德（Zond，音譯），以及美國第二大太陽能電池廠商索雷克（Solarex），在可再生能源領域跨出一大步，該公司並將自身定位為「從石化燃料能源時代，轉換到太陽能時代的中樞」。

太陽或風力或許還免不了會有供應斷續之類的問題，不過如果是地熱能源或水力發電等可再生能源資源，就完全沒有這類問題，可以毫無間斷地使用。

## 地熱能的潛能

對日本而言，地熱能源乃前景相當看好的能源資源之一。地熱能源不取之於太陽，而是一種極獨特的能源資源。像日本這樣得天獨厚、擁有豐富地熱的國家，地表附近即蘊藏著豐沛的能源。只要看看整個日本列島有數以千計的溫泉，就可知道地表附近蘊藏著多麼豐富的地熱資源。問題是，該如何在不破壞環境的情況下，妥善利用此龐大的能源。地熱既可直接利用，亦可引進產業的製程（process）裡。此外，也可利用地熱產生蒸汽，轉動渦輪，進行發電。困難的是，該如何以可連續的方式進行。換言之，基本的流程是：從地下抽取高溫熱水，擷取熱能，然後必須再把水送回原來的帶水層。利用這樣的封閉循環系統，將可把水中所有的礦物或鹽分送回原來的地下。地熱乃是由重力的壓力和地球深處的輻射所產生，大概是永無止盡、源源不絕的熱源。

率先利用地熱的國家為義大利，時間是一九〇四年。目前全球有超過二十個國家已著手運用地熱能源。例如，在加州的間歇泉地帶，即可透過鑽孔（boring），讓大量的高熱蒸汽從破洞吹出地表，轉動渦輪，進行發電。積極利用地熱能源資源的國家，已經有不少電力係得自於地熱能源。其中，尼加拉瓜有百分之二十八、菲律賓有百分之二十六。一九九六年全球的地熱發電容量已為七千二百兆瓦左右（參照**圖七**）。不過，積極利用地熱的國家仍屬少數，從全球的觀點而言，地熱能源資源可說幾乎尚未受到利用。日本也有許多地熱能源在地底下沈睡著，其豐沛程度，由只要善加利用日本國內地熱就可產生大約目前日本核能電廠發電量兩倍以上電量，即可見一斑。

相較於年成長僅有百分之一的煤炭或石油發電，地熱發電正以一年百分之三的成長率，迅速竄升。對環太平洋地帶或環繞地中海、非洲格雷里夫（世界最大的地溝地

**圖七 全球地熱發電**
**（1950~1996年）**

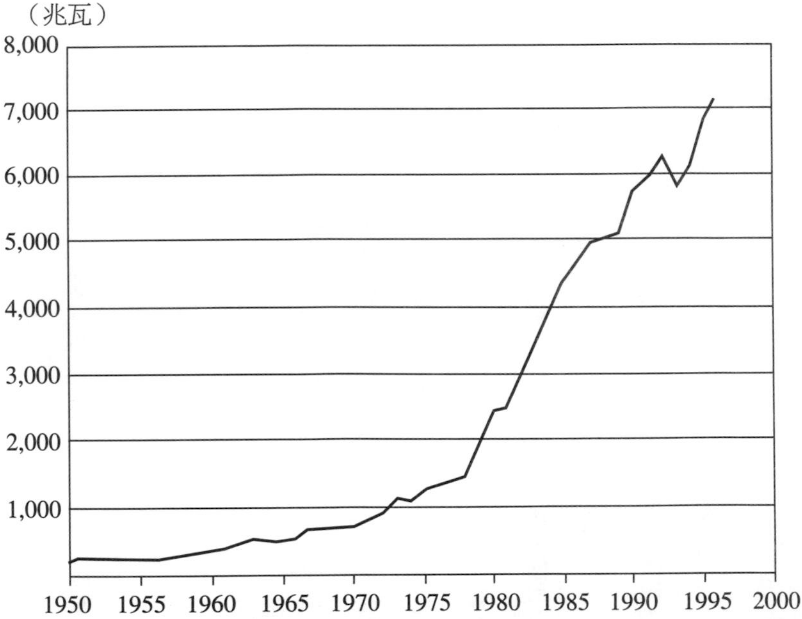

帶）沿岸等蘊含豐富地熱的國家而言，地熱能源將可成為豐富的能源資源，且完全不必擔心會排放二氧化碳。

## 未來能源經濟的面貌

「太陽／氫氣能源經濟」能否取代當今以石化燃料為核心的經濟，並且蓬勃發展，其關鍵在於，是否能利用低廉的電力，以合乎經濟效益之方式，進行水的電解。水分子經電解後會變成氫和氧，而氫可以用來作為燃料。氫氣是最單純的燃料，其和煤炭、石油不同，不會排出碳。只要能利用風力、太陽能、地熱能源發電，用低廉成本分解得到氫，將可運用和當前天然氣如出一轍的方式來利用氫。換言之，即可利用氫的形態，貯藏、輸送各種可再生能源。

依本研究中心之見，誠如煤炭之後，石油蔚為主流一樣，下一個取代石油的主要燃料，乃是氫氣。氫氣具有可貯藏、可在必要時使用等特性，因此將可為以風力發電和太陽發電為主的能源經濟，提供充分奧援。舉例來說，馬自達（Matsuda）和賓士等汽車廠商已開發出使用氫引擎的汽車原型（prototype）。氫氣在汽車的引擎燃燒後，會和氧氣結合，變成水蒸氣，而排出的副產物只有百無一害的水蒸氣而已。只要此零污染的能源資源開發成功，我們目前面臨的多數能源問題，將可獲得解決。不管是電腦的電源、車子的燃料或煉鐵等所有近代經濟所需之各種型態的能源，皆可透過組合電力和氫氣來提供。

那麼，以風力、太陽、氫氣發電為核心的能源經濟，究竟會呈現何種面貌？首先，第一個特徵是「毫不起眼」。太陽能發電用的屋頂建材，跟一般屋頂建材幾無兩樣，而輸送氫氣的管線，應該也會和目前輸送天然氣的管線一樣，埋設在地底下。雖然也會看到像目前在丹麥、荷蘭、德國北部這樣風力渦輪散佈在郊外地區的風光，不過，大規模風力發電廠或太陽能發電廠，應該都會設在人跡罕至的地方、沙漠或海岸沿線。

或許有人會說，這樣的能源體系不過是浪漫夢幻的童話故事。然而，請大家想想看！如果二十年前聽到桌上型電腦、膝上型電腦，或是透過網際網路進行溝通等情

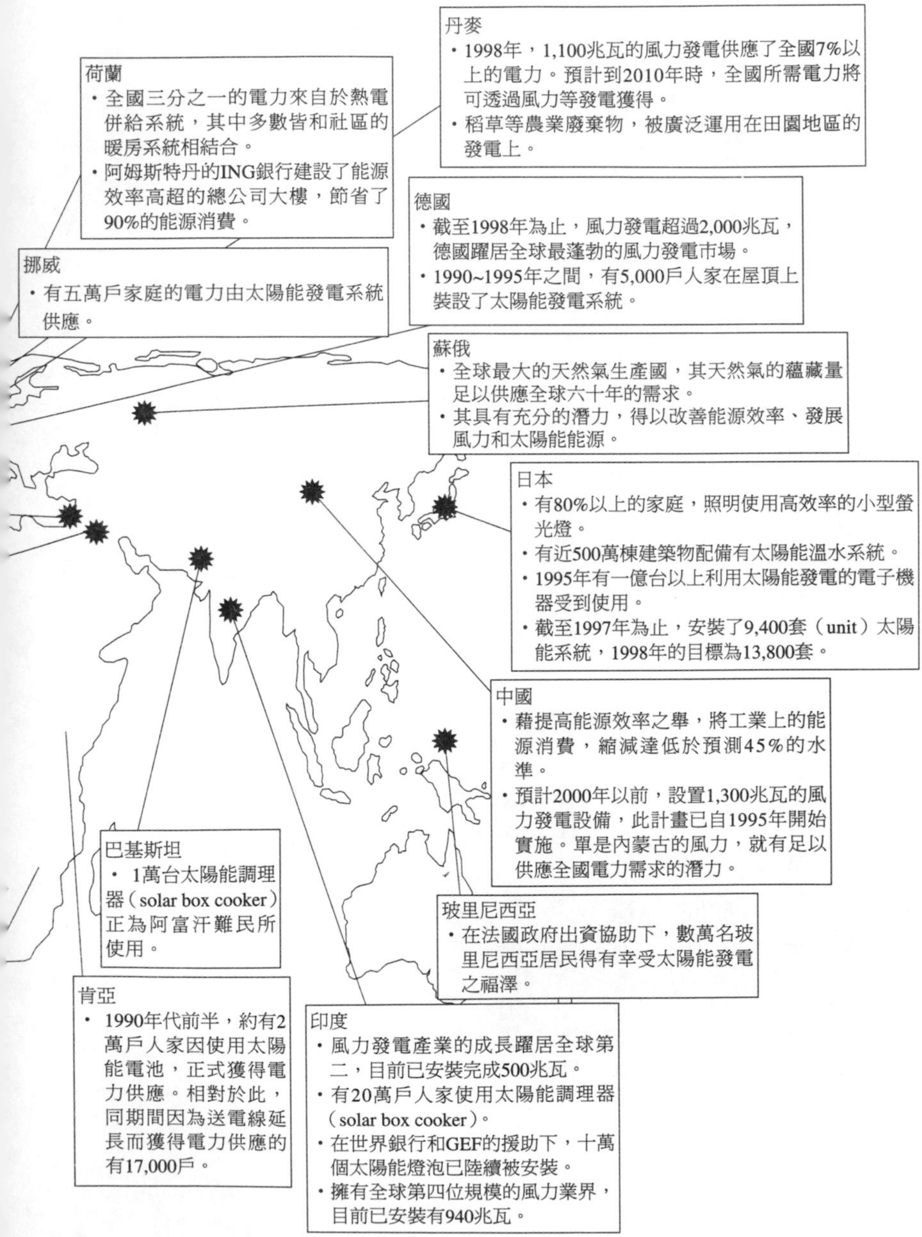
丹麥
・1998年，1,100兆瓦的風力發電供應了全國7%以上的電力。預計到2010年時，全國所需電力將可透過風力等發電獲得。
・稻草等農業廢棄物，被廣泛運用在田園地區的發電上。
荷蘭
・全國三分之一的電力來自於熱電併給系統，其中多數皆和社區的暖房系統相結合。
・阿姆斯特丹的ING銀行建設了能源效率高超的總公司大樓，節省了90%的能源消費。
德國
・截至1998年為止，風力發電超過2,000兆瓦，德國躍居全球最蓬勃的風力發電市場。
・1990~1995年之間，有5,000戶人家在屋頂上裝設了太陽能發電系統。
挪威
・有五萬戶家庭的電力由太陽能發電系統供應。
蘇俄
・全球最大的天然氣生產國，其天然氣的蘊藏量足以供應全球六十年的需求。
・其具有充分的潛力，得以改善能源效率、發展風力和太陽能能源。
日本
・有80%以上的家庭，照明使用高效率的小型螢光燈。
・有近500萬棟建築物配備有太陽能溫水系統。
・1995年有一億台以上利用太陽能發電的電子機器受到使用。
・截至1997年為止，安裝了9,400套（unit）太陽能系統，1998年的目標為13,800套。
中國
・藉提高能源效率之舉，將工業上的能源消費，縮減達低於預測45%的水準。
・預計2000年以前，設置1,300兆瓦的風力發電設備，此計畫已自1995年開始實施。單是內蒙古的風力，就有足以供應全國電力需求的潛力。
巴基斯坦
・1萬台太陽能調理器（solar box cooker）正為阿富汗難民所使用。
玻里尼西亞
・在法國政府出資協助下，數萬名玻里尼西亞居民得有幸受太陽能發電之福澤。
肯亞
・1990年代前半，約有2萬戶人家因使用太陽能電池，正式獲得電力供應。相對於此，同期間因為送電線延長而獲得電力供應的有17,000戶。
印度
・風力發電產業的成長躍居全球第二，目前已安裝完成500兆瓦。
・有20萬戶人家使用太陽能調理器（solar box cooker）。
・在世界銀行和GEF的援助下，十萬個太陽能燈泡已陸續被安裝。
・擁有全球第四位規模的風力業界，目前已安裝有940兆瓦。

# Power Shift

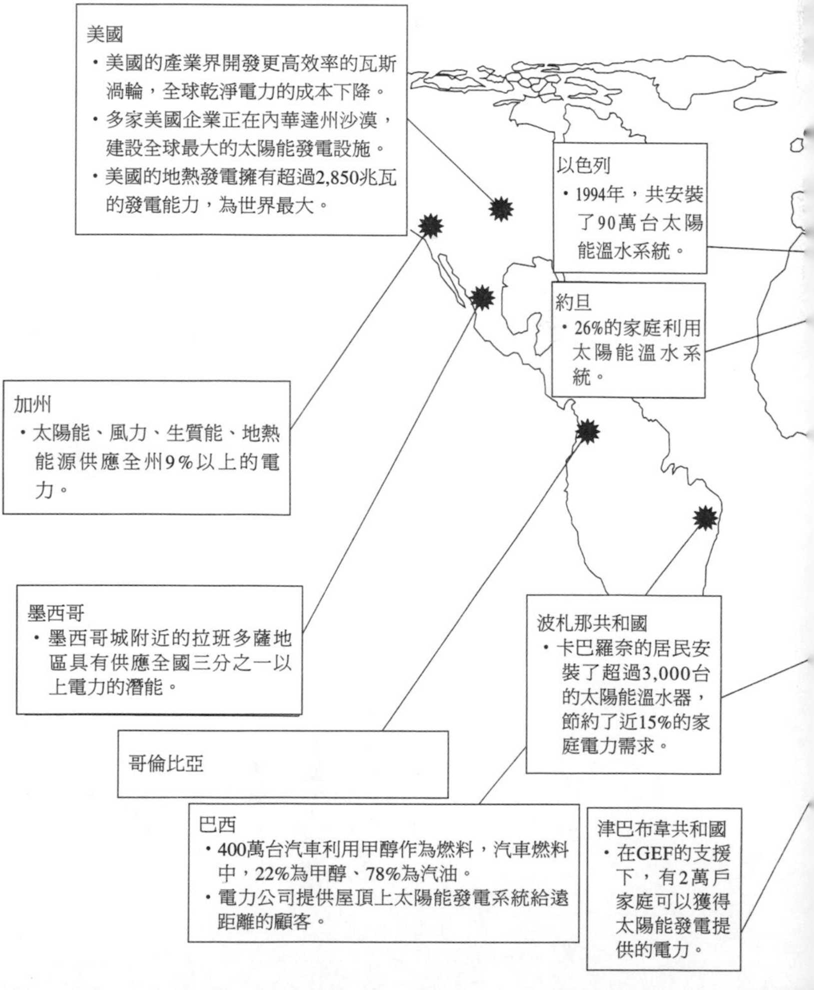
美國
・美國的產業界開發更高效率的瓦斯渦輪，全球乾淨電力的成本下降。
・多家美國企業正在內華達州沙漠，建設全球最大的太陽能發電設施。
・美國的地熱發電擁有超過2,850兆瓦的發電能力，為世界最大。
以色列
・1994年，共安裝了90萬台太陽能溫水系統。
約旦
・26%的家庭利用太陽能溫水系統。
加州
・太陽能、風力、生質能、地熱能源供應全州9%以上的電力。
墨西哥
・墨西哥城附近的拉班多薩地區具有供應全國三分之一以上電力的潛能。
波札那共和國
・卡巴羅奈的居民安裝了超過3,000台的太陽能溫水器，節約了近15%的家庭電力需求。
哥倫比亞
巴西
・400萬台汽車利用甲醇作為燃料，汽車燃料中，22%為甲醇、78%為汽油。
・電力公司提供屋頂上太陽能發電系統給遠距離的顧客。
津巴布韋共和國
・在GEF的支援下，有2萬戶家庭可以獲得太陽能發電提供的電力。

事，我們一定也會認為是異想天開。大家都說現在是資訊化時代，如果我們還得使用沿襲自工業時代的原始能源體系來作為最先進的資訊化經濟時代的原動力，那才是奇怪呢！一旦企業或政府的決策者開始理解能源經濟再建構的重要性，以及不排放碳的「零污染能源體系」能夠兼具高度經濟性和實用性之特性，他們必定會如同一百年前進行「最初的能源革命」時一樣，奮發圖強、積極著手推動。

從以石化燃料為主的經濟，轉型到以太陽／氫氣為電力來源的高效率經濟，在這個過程中，全球將會產生鉅額的投資和數不盡的僱佣機會。這種能源經濟轉型並非或許有一天會出現，而是已逐步在形塑了。問題不在於有沒有能源革命，而是在於究竟會以何種速度展開。

## 創造資源回收經濟

若欲建構不會破壞環境、可永續發展的經濟體系，則將目前「用完即丟」的經濟，轉型為把資源「減少（reduce）／再利用（reuse）／回收（recycle）」的經濟，也是重要步驟之一。

高度的技術——大多數都是以石化燃料為原動力之近代社會的各種機械——促使人們可以年復一年地從地球採掘更勝以往的原料。拜此之賜，原料的價格不斷下降，而「用完即丟」的經濟也逐漸形成。然而，隨著這種產業擴大，人們必須付出的代價也有增無減。在這半個世紀裡，為了採掘更多原料，人們不斷對環境進行空前的破壞。很不幸的，富裕國家的城市居民們，眼裡幾乎看不到地球遭受的損害。可歎的是，人類這種動物偏又對沒有親眼目睹的事不太在意。

和急速的產業化同時抬頭的消費者社會，更助長了「用完即丟」經濟的發展。二十世紀中葉以降，消費文化由北美逐漸擴及於西歐、日本及開發中國家的富裕階層。隨著消費文化普及，人們對物品的龐大需求應運而生。理所當然地，也就對生產物品所需的原料產生無止境需求。更有甚者，幾乎沒有人對「消費擴大，直接帶動經濟發展、造福國家和國民繁榮富足」之觀點，提出反駁和異議。

然而，我們是否應該開始把「經濟繁榮」和「物資的消費」看做兩回事，分開討論？毋須贅言地，「用完即丟」經濟的問題在於製造許多污染。再者，由於永遠需要新原料，因此就會毫無節制地開採礦山、砍伐森林、破壞自然。此外，因為使用極大量的能源，以致排放出大量的二氧化碳。

另一方面，資源回收經濟又是怎樣一番景況？顯而易見地，其對地球造成的影響，絕對遠較「用完即丟」經濟為低。如同前一章節所敘述的能源革命一樣，轉型到資源回收經濟的行動，已一步步開始。為了達到轉型目標，除了必須大幅度革新商業和產業界歷來的作法之外，消費者的選擇方法——吃什麼？如何工作？如何享受？丟棄什麼？——也必須大幅改變。而轉型的出發點在於最理所當然之處，現在正是效法自然的良機。

## 效法自然

自然界沒有一樣東西是多餘的。簡言之，即某種生物的廢棄物，將會變成其他生物的食物。所有生物皆相互扶持、成長茁壯。這道理看似單純，卻是獲得證實的生態系原則，我們人類必須從中學習。產業界和企業必須傾力創造出一套仿效自然的產業體系，這個新領域稱為「產業環保」，其目標在於重新建立經濟體系，達到廢棄物為零的境界。

對我們而言，這是一個全新的嘗試。為什麼說是「全新」呢？因為以往廢棄物從不曾構成大問題，然而，如今隨著廢棄物數量日增，處理廢棄物的土地逐漸不敷使用，而且廢棄物的性質逐漸改變，對地下的水資源開始造成污染。

開採資源、製造壽命短暫的物品，接著又立刻丟棄。這樣的經濟體系當然無法持續。尤其是在人口增加、富裕階層也不斷擴大的情況下，這種經濟體系絕對無法維持下去。即便從正統的商業觀點來看，目前這種依存石化燃料，「用完即丟」的經濟，也不健全。誠如《小即美》（*Small is Beautiful*）一書的作者E・F・史瑪哈所指出，目前的「用完即丟」經濟，就像是坐吃自己資本、勉強週轉的企業一樣。任何一個企業領導人應該都很清楚，如果沒有持續的收入，而公司的資本卻不斷減少，則企業的存在和穩定，勢必陷入岌岌可危的局面。

如果我們能效法自然，儘快轉型為資源回收經濟，則類似歐洲或日本等人口穩定的成熟經濟，只要憑藉目前已保有的鋼鐵、鋁、玻璃、紙等材料，即可進行大部分的經濟活動。如此一來，就不需再從自然界挖取更多資源。美國的鋼鐵業界即為一例。美國的鋼鐵業界多半使用高科技電弧爐，而這種電弧爐係使用回收原料。一九九六年美國生產的鋼鐵中，有百分之五十五係利用廢鐵所製造。請大家張開想像的翅膀，如果汽車報廢，就把它融化作成湯罐頭；湯罐頭被丟棄後，就再把它融化，作成電冰箱；等電冰箱老舊、不能再使用時，就用它作為製造汽車的原料……。一旦鋼鐵業界能夠用廢鐵作為主要原料，進行生產運作，則除了可把開採礦山和運送伴隨而來的環境破壞，抑制在最低限度之外，生產鋼鐵所需的能源，也可以削減大約百分之六十。

我們一直力主透過能源革命將可創造出大量的就業機會和商機，就此而言，資源回收經濟也不遑多讓。以下就舉我的故鄉美國紐澤西州為例。紐澤西州是一個人口密度高，不僅沒有礦山，甚至連森林地帶都沒有的地區。但這裡卻有十三座只用廢紙作為原料的造紙工廠、八座用廢鐵作為主要原料的製鐵廠。若將造紙和製鐵合併計算，則其一年的商業規模超過十億美元，為州政府帶來可觀的就業機會和豐盈的稅收。

對那些煩惱究竟應採回收、燒毀或掩埋方式，來處理固體廢棄物的地區或地方政府而言，若從創造就業機會的角度來看，則最佳選擇不言而喻。例如，以處理十五萬噸廢棄物而言，如果採回收方式，將可創造九個就業機會；若採燒毀方式，則有兩個；而採掩埋方式，則只有一個。在減少包裝使用量、回收包裝垃圾的卓越成效上，歐洲沒有一個國家足以和德國媲美。一九九六年，德國的所有包裝材料，包括紙、塑膠、鍍錫鐵皮、鋁等，竟有百分之八十被回收，大幅減少了掩埋場的負擔。如此高得令人瞠目的回收率，可說是德國人民和政府率先努力的成果，同時也教導了我們「只要有意願，就有辦法」的道理。

我們已經沒有時間就「是否要資源回收」、「用玻璃瓶取代鐵罐要花多少運送成本」等問題爭論不休。變更新方法、新體系時，短期內會付出較高的成本，然而，從整體的眼光來看，不做資源回收或再利用，耗費的成本將更高昂。

## 零污染——產業界的環保運動

產業界可向自然界效法的另一點是，重新建構生產系統，以使某個工廠的廢棄物成為其他工廠的原料。近來，這種稱為「產業環保」或「零污染（zero emission）產業」的科學日益盛行，相當受到矚目。

在丹麥的卡倫朵波克（音譯）工業區，企業間組成交換原料或能源的聯絡網。在這個聯絡網裡面，可以看到各種型態的連鎖關係。舉例來說，發電廠用來作為冷卻水之後的溫排水，即由養殖公司利用；養殖廠的沈澱物，則賣給近郊的農家作為肥料；

發電廠排出的灰，成為水泥廠的原料；製藥廠產生的多餘酵母，則給近郊農家餵豬。這種循環型產業系統，幾乎不會排放垃圾，而參與的企業，也都享有好處。

在卡倫朵波克工業區，不管是空氣污染、水質污濁或垃圾，皆大幅銳減。另一方面，企業的獲利卻增加了。參與企業一開始雖投資六萬美元，以建設交換能源或原料的運送設施，不過獲利加上節約的成本，已創造出十二萬美元的利益，相當於當初投資的兩倍。

有許多國家都投注心力在研究達成產業零污染目標的方法。

由設於東京的聯合國大學所推動的「ＺＥＲＩ」（Zero Emission Research Initiative）計畫，在喚起社會對零污染理念的關注上，貢獻卓著。另一方面，在東京大學進行的專案計畫，也是投注一千二百萬美元預算在零污染領域之研究。目前在減少排出物的相關研究上，日本已躍居全球龍頭地位。

最後我將再舉一個傾力推動零污染的例子，這個例子的對象並非產業領域，而是農業領域。斐濟有一個稱為「環境農業專案」的計畫，其目標為希望透過一個網路，將六種產業連結。該計畫利用既有的啤酒工廠排放的廢棄物，創造了五個健全的新企業。以往令人頭痛的廢物，現在不但製造了新鮮的蘑菇、雞肉、魚、蔬菜，並且被用來作為發電的燃料。

類此讓各種產業發生關聯、結合工業和農業的方法，不虞匱乏。只要有下工夫、追求革新的人類創造力，即可開發出任何一種型態的產業環保。此外，這也蘊含著無限的商機。為此，我們深盼，人們能夠逐步地發揮足以從根本改革目前產業系統的創意功夫。目前的狀況是，所有產業各行其道，毫無交集。亟欲一夕之間形成產業團體或聯絡網雖有其困難，不過，或許到下一個世紀初期，將產業作網路式連結，會是國家的一般性政策也不一定。

從事水淨化的日本環境設備廠商「荏原」，其社長藤村先生主張「若欲確保人們有安全的水源可使用，唯有一開始就不要污染水源」。包括荏原在內的所有從事水淨化系統之企業，雖力圖運用各種技術在水的出口把水淨化，但當前的情況卻是，利用這類方法已逐漸難以提供安全乾淨的水。因為有數千種有害化合物被排放於環境中，因此，即便不斷開發各種技術期能把水淨化，也是徒勞無功。想達到藤村社長主張的目標，究竟該採取何種因應措施？能夠實現的方法只有一種，即重新設計經濟體系。

只要設計一套仿效自然的體系，將可創造「你有利、我也有利」的雙贏關係。換句話說，並沒有「一方吃虧」，而是所有人都共享好處——空氣和水質的污染減少、垃圾也減少，唯有利益增加。

**斐濟的環保農業（eco-farming）**

目前全球各地正進行著各種饒富興味的產業環保實驗。其中一個實例即是目前由設在東京的聯合國大學擔任協調角色，而在斐濟推動的環保農業專案（參照**圖A**）。

觀察這個專案計畫即可發現，依循零污染原則建構的循環型產業系統，將可同時實現廢棄物減量和經濟上產出增加兩個目標。

在斐濟首都蘇瓦某所為窮人小孩而設的蒙佛特學校，正運用當地啤酒工廠所排放的廢棄物，發展出五種新產業。啤酒工廠排出的污泥，以往皆被丟棄到海裡，如今則免費提供給這所男子學校。學校把這些富含營養的污泥拿來充當肥料，栽培數種蘑菇。

蘑菇長成後的剩餘廢物，就由學生們收集起來，作為餵養雞或豬的飼料；而把這些家畜、家禽的排泄物，放入生化瓦斯設備，將會分解產生甲烷，這些甲烷或供學校照明使用、或裝進瓦斯容器（gasbombe）內，進行販賣；產生瓦斯後殘存的固態廢料，在經過脫水、稍做處理之後，即成為餵養附近大魚塭魚類的飼料；最後，還可以在這滿是有用營養素的魚塭水面，利用水耕栽培，種植草莓或其他價位高昂的蔬菜。

透過上述方式，以往被丟棄海底、一無是處的廢棄物，如今搖身一變成為發展出五種新產業的資源。這或許只是一個簡單的環保農業例子，不過這個原則亦適用於更大規模的產業系統。透過將不同產業整合為團體之方式，可建構出某個產業的廢棄物成為其他產業原料的「循環型產業系統」。

## 圖A 斐濟的循環性生產系統

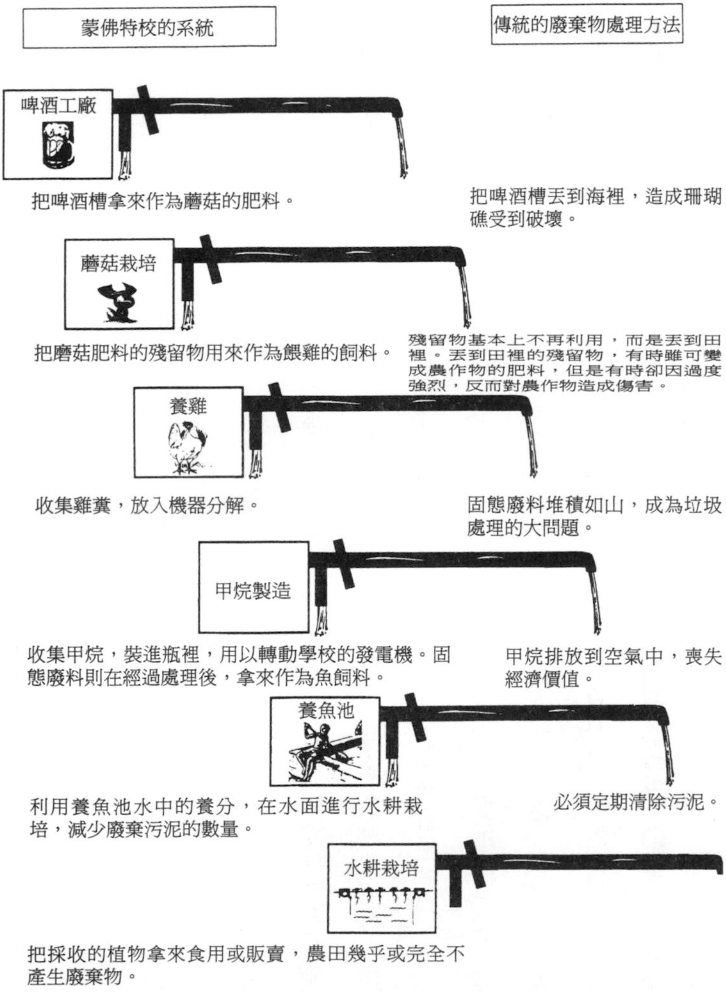
蒙佛特校的系統
傳統的廢棄物處理方法
啤酒工廠
把啤酒槽拿來作為蘑菇的肥料。
把啤酒槽丟到海裡，造成珊瑚礁受到破壞。
蘑菇栽培
把蘑菇肥料的殘留物用來作為餵雞的飼料。
殘留物基本上不再利用，而是丟到田裡。丟到田裡的殘留物，有時雖可變成農作物的肥料，但是有時卻因過度強烈，反而對農作物造成傷害。
養雞
收集雞糞，放入機器分解。
固態廢料堆積如山，成為垃圾處理的大問題。
甲烷製造
收集甲烷，裝進瓶裡，用以轉動學校的發電機。固態廢料則在經過處理後，拿來作為魚飼料。
甲烷排放到空氣中，喪失經濟價值。
養魚池
利用養魚池水中的養分，在水面進行水耕栽培，減少廢棄污泥的數量。
必須定期清除污泥。
水耕栽培
把採收的植物拿來食用或販賣，農田幾乎或完全不產生廢棄物。

## 提高能源效率

人口密集的開發中國家，若欲在不破壞環境的情況下，發展繁榮健全的經濟，唯有追求資源回收經濟一途。如果開發中國家得以從經濟發展的前工業社會，跳過中間階段，直接轉型到後工業社會，將可減少伴隨「工業化」而來的龐大資源消費。例如，可不要投入架設數百萬公里的電話線、電線桿所需成本，而一開始即投資行動電話。也可以驅使現代技術，用電話線傳真信件而不需倚賴送信至遠處的郵政制度。再者，一旦在電腦化帶動下，使用電子郵件較傳真頻繁，甚至不再需要傳真紙。

同樣地，如果開發中國家能夠跳過「汽車階段」，直接轉型到「促進高度公共鐵路網和自行車利用之系統」，將可省下大量能源。雖然欲實現上述「跳級」，必需先進國家提供充足的援助，不過，就作為「國際開發援助基金」（ＯＤＡ）的對象而言，這類協助技術階段跳級的援助，可說是再適合不過了。而此舉對援助國的助益，也絕不亞於受援助國。

重新檢討產品設計，也是邁向產業體系再建構的一步。近年來，許多汽車大廠皆積極投入汽車的再設計，這一點值得大家矚目。廠商們係從重新檢討車身設計著手，期能做到當車子報廢時，得以簡單分解，分類為玻璃、橡膠、鋼鐵或塑膠等各種可回收的材料。

包裝減量的龍頭——德國，則大幅改變產品的包裝方法。除了大量減少包裝用材料之外，同時也大幅提高回收量。而美國又是如何呢？目前全球最大的商品期貨市場——芝加哥的商品交易所內，廢木材也和銅、鋼鐵、棉等原料並列，成為交易對象。

我們必須重新思索「該怎麼做，方能以較少的原料達成經濟目標」。舉例而言，行動電話因為使用衛星，因此不需要和使用大量金屬（主要為銅）的電話網一樣，利用成本高昂、耗費資源的材料。只要有一顆數百公斤的衛星，就不需要到處架設達數百萬公里的電線或電纜。只要從「電話網」轉換到「行動電話」，將可大幅減少通訊所需的原料。

小自牛奶盒、大至汽車，重新設計、檢討所有工業產品的包裝，亦是商業界面臨的課題之一。如果不收回資源回收的原料，再次投入經濟活動當中，將難以減少對全新資源的需求。為達此目標，除了高度的資源回收體系不可或缺之外，亦須從變更產業產品的基本設計著手。在「方便再利用」和「減少原料使用量」的考量下，例如，即可重新設計飲料用容器等產品。

這包含了兩層意義。首先，必須重新檢討我們的價值觀或消費模式。再者，在技術層面上，必須大幅提高效率。隨著環境破壞日益嚴重，加快腳步改善物資相關效率，也愈顯急迫，然而，對工業國而言，這或許是難以接受的改變。二十世紀後半掀起的消費熱潮，從美、日的採購文化中即可明確看出。而形成這股熱潮的肇因，有相當大一部分係源自於人們對在此之前——一九三〇年代的大恐慌、第二次世界大戰前～大戰中～大戰後——全球所經驗的窮困歲月之反動。在富裕的工業國人民眼裡看來，最近數十年，世界資源充斥，而企業則競相投注心力在買賣更多的物資上。因此，大家都相信，家電產品只要稍有故障，只要新機種上市，縱使更新幅度不大，便可毫不在乎地丟棄舊有機種。

然而，是否使用多量的原料，其產品或服務就會對消費者有更大幫助？事實未必盡然。相反的，即使主張轉型到高效率、小消費的經濟，也並不是要呼籲大家作不合理的節約，或改變為一點一滴積存的文化。而是應該追求更高效率的經濟。企業可以透過提高效率達到大幅度節約，商品設計人員或都市建築家，應可改善把物品或服務送到消費者手上的系統。我們其實是可以用更少的原料，享受更富裕的生活。

不管是電燈泡、洗碗機或工業機械，只要運用較簡單的新技術，即可提高能源效率達數倍。新的照明技術即能源效率急速提升之一例，其中尤以省能源精緻型螢光燈效果最為顯著。省能源精緻型螢光燈的亮度，和一般白熾燈泡一樣，但是耗電量只有四分之一。目前全球已經裝有五億個省能源精緻型螢光燈，假設在同一時間內一起使用這些燈泡，將可節約兩萬八千兆瓦的電力，相當於省掉二十八座利用燃燒煤炭發電的大規模火力發電廠。

雖然這種省能源精緻型螢光燈的價格為一般燈泡的數倍，但是到頭來還是較划算的，因為其不需使用太多電力，平均壽命也較長。從一九八八年到一九九五年之間，全球省能源精緻型螢光燈的產量成長為五倍（參照**圖八**）。近來，這種燈泡的生產量躍居全球之冠者乃中國大陸，而大陸之所以能締造這項佳績，原因在於其想儘量縮減火力發電廠（以煤炭為燃料）的建設。

提高效率，幾乎是所有業界必須追求的目標，不管建築業、製造業、服務業、配送電力到家庭或家庭內的電力使用，都必須進一步提高效率。不過，若要提高效率，則引導至相關方向的稅制、綠色標籤系統，都不可或缺。啟蒙消費者、培養其選擇的眼光，也非常重要。此外，把製造規格或廠商方面的責任，作某種程度的規範，也是不可或缺。

如果產業界的效率不佳，將會產生許多無謂的浪費。不過，近來這方面也出現進展。目前美國的企業每年都必須公佈本身所排放的廢棄物數量和種類之目錄。不管是排放在大氣中、水中、土壤裡，只要是工廠排出的廢棄物，就必須明白列出。而且理論上，任何人都可以把這類資料放到網際網路上，也可以任意瀏覽閱讀。換言之，形成一個全球人民皆可一覽無遺的透明系統。

## 圖八　省能源精緻型螢光燈的全球銷售量（1988~1997年）

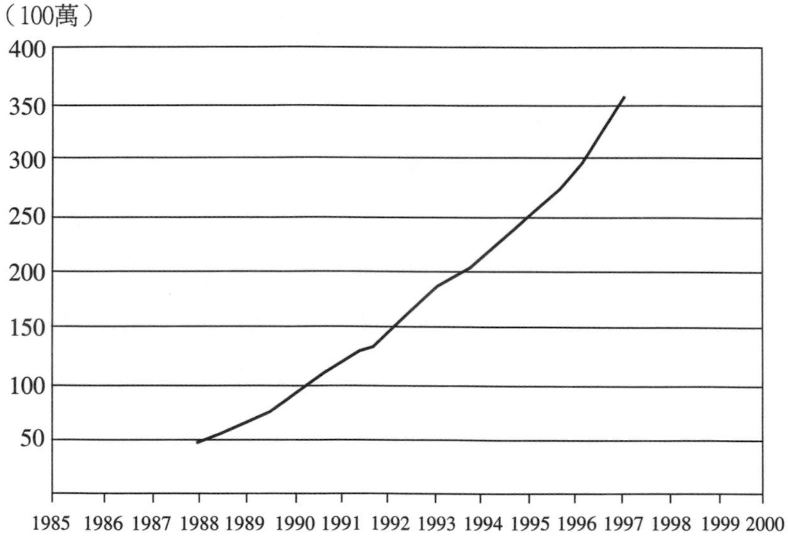

一旦自己公司排放的廢棄物可以像這樣子一覽無遺，也會為他人所知悉，則公司方面就會立即思考——該怎麼做才能減少廢棄物？因為如果不思改善，將有損企業形象。而如果知道自己就職的公司排放大量的垃圾或廢棄物到地球環境，員工大概也會覺得嫌惡。因此，一旦公司開始力行廢棄物排放減量，員工和經營階層反倒會因為「自己的公司正朝正確方向邁進」而欣喜雀躍。這對員工的倫理觀亦將造成巨大影響。舉例來說，如果員工覺得「自己的公司正在做危害環境的事」，則和他人交談，甚或與家人共享晚餐之際，內心大概都會鬱鬱不快，這絕非健康的心理狀態。公司是否能獲得並留住高素質員工，企業的環境方針也是一個關鍵因素。

誠如所有重建經濟所需的步驟或方法皆蘊含著無比商機一樣，此領域的商機亦是無窮的。只要能提高原料或物資的使用效率，即可獲取經濟利益，而且這個利益將輕易超過為提高原料或物質使用效率而投下的成本。此外，社區也可以因而減少污染物質或廢棄物的數量，立刻有立竿見影的好結果。再者，就業機會的增加，也是一大回饋。一旦「高效率利用物質」課題成為全球性的當務之急，則新的職業或公司、業界，將會相繼誕生。只要有人類的發明長才和創造力，將可望有無限的商機和成長。在此振奮人心的轉型階段，不計其數的機會和利基市場，正等待靈活善變的中小企業或創業家去開拓。

## 科技與價值觀

想要去蕪存菁，創造高效率的資源回收經濟，是否只要追求更卓越的技術即足夠？抑或必須根本改變價值觀和消費模式？答案非常明顯，兩者缺一不可。不管是技術、消費者的價值觀或行為模式，都是建構新經濟的重要關鍵。

科技的確不是萬能，但是，如果因為這樣就敬科技而遠之，則什麼問題也解決不了。若不運用現代科技，將無法在已懷抱五十八億人口的世界，創造出可永續發展的經濟體系。

近來，「自然農業」或「有機農業」等名詞蔚為流行，但是「自然」的農業根本不存在。真正「自然」的糧食籌措手段，唯有人類行之數百萬年的「狩獵和採集」。

所謂農業，完全是人工的方式。因此，質疑「贊成」或「反對」科技，根本毫無意義。問題的核心應該在於：若欲利用環境上可永續發展的方式，滿足所有人的基本需求，應該如何利用科技？

也有部分人士高唱著放棄目前享有的一切便利，像把時針倒轉般「回歸自然」的論調。然而，這種方式並不能解決持續增加的世界人口，也不能解決逐漸無法負荷的環境污染問題。從「把地球環境的原則，再次引進經濟計算或計畫」的觀點來看，「回歸自然」的確有其必要。但是，我個人認為，這是一種把時針往前撥進的先進想法。

不久前，我受邀前往波士頓演講時發生了以下這件事。那天早晨，我站在前往會場的道路上，打算越過馬路到對面。這條路明明是住宅區裡面的道路，卻有好幾排汽車發出震耳噪音，疾馳其間。我不禁捫心自問：「這是人類進化到最高水準的面貌嗎？」我深盼答案是否定的。我們應該可以創造更美好的社會。

## 重新檢視汽車文化

這一百年間，「汽車的時代」歷久不衰。然而，時至今日，以汽車為中心的「多量能源消費型」交通系統，已逐漸無法履行「無限機動性」的約定。不僅從能源使用的層面而言如此，從交通阻塞、勞力的使用方式觀之，汽車也是效率極差的系統。

在鄉村社會，汽車的確可以為我們提高機動性。但是，隨著都市化日益進展，汽車和都市無法兩立的情形，也逐漸明朗化。只要看看交通阻塞、空氣污染、噪音、為建設道路和停車場而鋪上水泥或柏油的耕地，即可明白看出汽車和都市之間的對立衝突。

以下讓我們來看看一些例子。您認為在倫敦市內奔跑的汽車速度有多快呢？答案竟是：和一百年前在倫敦一帶行走的馬車速度毫無兩樣。我們在汽車和道路上投下鉅額的資金，結果卻只能開出「馬車」的速度。此外，曼谷是全球交通阻塞最嚴重的城市之一，若將時間作一計算，則開車族平均一年大約有四天坐在因為塞車而動彈不得的車內。這不是「機動性」，而是「非機動性」。

不相信都市和汽車無法兩立的人，不妨環視全球的大都市，不管是紐約、東京或其他大城市，許多真可說是「不可置信」的現象正在發生。例如，坐上計程車，準備前往機場或拜會客戶，然而，車子大排長龍，遲遲不見前進。焦慮煩躁、脾氣逐漸升高的你，終於忍無可忍地丟下計程車，開始步行，結果竟比計程車還要早抵達目的地。這樣的現實或許令人難以接受，但是，在人口或企業集中於這樣一個狹小地區的狀況下，汽車已逐漸不再是高效率的移動工具。

## 不可能實現的夢想——一家一輛車

以汽車為中心的美式經濟模式係世界的標準——這樣的老觀念即將被揚棄。目前，美國汽車的總數遠較家庭的總數為多。換言之，每個家庭不僅擁有一輛車，甚至有兩輛、三輛。一到星期日下午，家人即各自開著自己的車出門。日本的汽車文化雖不及美國，不過，擁有汽車的家庭比例也扶搖直上，從一九七〇年的百分之二十，逐步成長達目前的百分之七十以上。

三年前，中國大陸政府決定提列五種產業，作為今後二十年到三十年間的重點發展產業。這五種產業包括汽車產業、通訊、石油化學、機械製造、建築。此決定公佈後，不到幾個月時間，北京科學技術院的科學家即齊聚一堂，提出反對推動汽車產業的白皮書。科學家們所持的理由眾多，而第一個理由則是土地不足。科學家們一致認為，中國大陸沒有足夠的土地，可以既提供糧食給人民，又建設汽車中心的交通系統。這是因為至少有一部分的高速公路、停車場、加油站必須破壞耕地才能建設所致。

中國大陸已經面臨糧食無法自給自足的窘境，其目前必須從國外進口堪稱史無前例的大量穀物。中國大陸的面積雖然遼闊，大部分的人民卻居住在自東岸延伸到南岸，長約一千五百公里的狹長土地上。剩下的國土屬半乾燥地帶，幾乎杳無人煙。若想在這個目前即已顯得地狹人稠的人口密集地，建設連接全國各地、四通八達的道路或高速公路、停車場，則恐怕唯有毀壞眾多耕地一途。

反對的理由不只「耕地喪失」一點。接下來，我們將就石油的使用量，作一探討。假設中國大陸已經達成一家一輛自用車的目標，則其一天將需要八千四百萬桶（barrel）石油。然而，觀諸一九九六年的產油量將可發現，全球一天也不過總共生產六千四百萬桶石油。因此，即便將全球生產的石油，全部供應中國大陸的汽車，仍舊不敷使用。在考量這些問題後，中國大陸政府亟欲發展汽車產業的熱度，似有降溫之勢。

這個問題並不只是中國大陸的問題，世界其他地區又如何呢？如果印度、印尼、巴西等新興工業國家，也設定一家一輛車的目標，將會帶來什麼後果？

此外，我們再來看看汽車排放的二氧化碳，以及其他的污染物質。目前二氧化碳排放量中，有五分之一來自交通運輸領域。如果全球每一個家庭都擁有一輛車，則縱使提高燃料費，對大氣或土地資源造成的壓力，勢必還是極其驚人。

若考量中國大陸等國家的龐大人口，即可預見在美國、歐洲、日本看似獲致極大成功的西洋型產業發展模式，在中國大陸或其他開發中國家，將不可能實現。不僅開發中國家無法實現此目標，從長遠的眼光來看，甚至連工業國想維持目前的態勢都有困難。

汽車業界競相進行匠心獨具的行銷活動，造成的結果是——汽車在世界各地皆成為「文化的象徵」。房車變成物質上的成功、個人主義、獲得自由的表徵。汽車原來的目的是「追求機動性」，但是一直以來，汽車廠商卻誇大渲染，意圖塑造「擁有房車的象徵性地位」。而從世界各國的例子，不難明白廠商的策略運用多麼成功。不管是日本或印度，高功能並附有各種選購配件的吉普車、**Range Rover**（路華汽車公司推出的一款吉普車），都受到都市年輕族群的空前熱愛。然而實際上，開車的人大概很少會用到全部的功能，也很少會在崎嶇不平的山路上奔馳。即便如此，消費者仍沈醉在廠商塑造的戶外活動印象中，以為擁有這種車，就可以獲得比什麼都重要的「自由」。

「有車真拉風」的想法的確很吸引人，但是，正視現實的時刻已然到來。汽車市場行銷為了得到短期利益而包裝得光鮮亮麗，並且頻向群眾招手，但是其背後究竟隱藏著什麼？不管是開小型車或豪華轎車，現實裡環境成本正不斷產生。

一九八〇年代後半，有人曾針對汽車普及的美國和幾乎沒有汽車的前蘇聯進行一項通勤時間的比較調查，結果發現，兩者之間幾無差別。蘇聯人民或走路、或搭巴士通勤，所費時間平均一趟為三十分鐘（單程）。相對的，美國人或因為住在郊外、或因塞車，以致即使開車，還是要花費相等的時間。冗長得令人煩躁的通勤時間，可說是汽車中心社會的最大特徵。

從健康層面來看，汽車也是有問題的，這點不言而喻。我們的日常生活因為沒有運動時間，以致必須上健身房或跑步，在生活中特意安排運動的時間。為了坐上不會動的腳踏車運動個三十分鐘，而特地開車到健身房的人何其多呀！這實在是荒謬之至。歸納上述各種層面的分析，我們認為汽車中心的文化，不可能普及於全球。

## 自行車革命的開始？

當前世界各國的地方級政府——尤其是都市的政府——正在進行摸索，希望能透過建造更先進的公共運輸系統，促進自行車的使用，降低對汽車的倚賴程度。事實上，自行車可說正處於興盛的文藝復興期。這是因為在都市中穿梭行動時，自行車的效率遠較汽車為高所致。自行車再次引爆人氣的最大契機為一九七三年發生的石油危機。自此以來，自行車的產量有增無減，到一九九七年時，全球自行車的產量竟高達汽車的三倍（參照**圖九**）。

自行車真的是都市理想的交通工具，其不但具有舒適的機動性，使用的燃料也不過就是踩自行車的人肚子裡面的食物罷了。去年秋季，我在華盛頓特區自家附近的街角，碰到一位騎腳踏車執勤的警察。我問他：「不開警車而騎腳踏車的警察，大概有幾位？」他回答：「大概有三十位。」接著，他又補充道：「現在到警察學校接受新進人員訓練的警察，也都必須接受騎單車的指導，以期達到駕馭自如的目標。」

**圖九 全球自行車和汽車的生產台數（1950~1996年）**

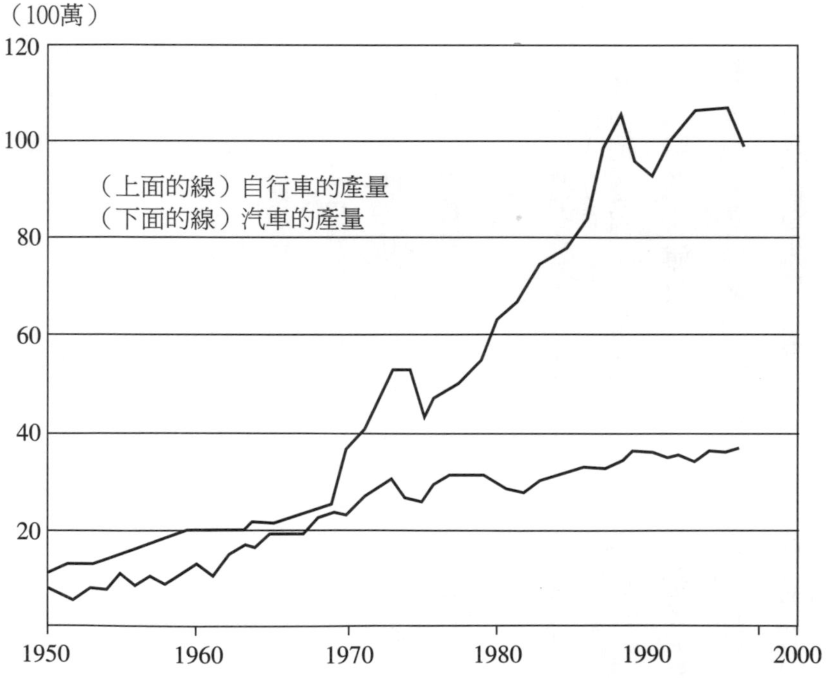

不管是華盛頓或任何大城市，都有即使打一一〇求援，警察也很難迅速因應之相同困擾。一旦碰上顛峰時間、交通阻塞，則警車不管是鳴放警笛或是轉動車頂上的警燈發出閃閃亮光，用盡方法還是很難立刻抵達現場。相對的，自行車卻可以在汽車之間穿梭自如。這位警察表示：「騎自行車的工作效率反而高。」「可以比開警車值勤的警察，處理更多一一〇事件。不過，我最喜歡的一點莫過於……」他一邊拍打著肚子，一邊說道：「整天騎腳踏車有助於消耗卡路里，因此想吃多少就可以吃多少。」目前全美設有自行車警察部隊的都市約有二百三十個，而且這個數目還在持續增加之中。

當前在歐洲的交通運輸相關長期計畫中，自行車已被視為不可或缺的交通工具。以哥本哈根為例，由於哥本哈根市政府免費提供自行車給市民借用，因此不需要汽車。人們可以從建築物外面的自行車車棚借一輛自行車，騎著它到下一個聚會場所，再把自行車放在該處車棚。當聚會結束，走出外面時，再去牽另一輛自行車，騎向下一個聚會場所。自行車可以免費借騎，而且還奉送免費的運動。迎向未來所需的，正是這樣的觀念。

## 未來的交通運輸系統與都市重建

得以在都市取代汽車的便捷交通運輸系統為何？一般認為，其乃是以最新式的鐵路交通系統為主，其他公共運輸和自行車為輔之系統。由於不唯獨亞洲，甚至全世界未來都會加速都市化，因此儘快重建都市交通系統乃當務之急。放眼未來的都市，一般預料，交通系統的品質將會決定都市的生活品質。

對交通系統的願景，即對都市環境的願景。而重建交通系統，即重建都市本身。全球力圖改變交通系統的人們，都在心中勾勒一幅不必為噪音、公害、多餘的汽車所苦的都市風貌。因為不需要，所以汽車不太被使用。工作和購物可以在住家附近進行，出門利用公共交通工具，去遠處旅行則多半透過鐵路。

事實上，目前全球有幾個城市正逐漸朝著這個方向發展。雖然這些城市多半是因為面臨嚴重的煙霧問題，以致不得不做此選擇。新加坡、雅典及墨西哥城，正計畫限制市中心行駛汽車。法國和義大利有許多城市，則完全禁止汽車開進市區。曼谷則考慮在一九九七年至二〇〇一年間，全面禁止新車。此外，也有部分都市鼓勵利用公共交通工具或自行車。巴西的克里帝巴市有百分之七十的通勤族搭乘巴士；哥本哈根則有三分之一的人騎自行車通勤；而部分歐洲和日本的城市則利用順暢連接自行車和公共交通工具的「自行車&電車」計畫，鼓勵民眾多利用自行車。

有鑑於上述案例的成功，秘魯首都利馬乃進行一項計畫，著手鋪設長達五十一公里的自行車專用道，並改建三十五公里的道路，以使自行車能暢行無阻。利馬市政府並計畫針對窮人，提供一萬七千件購買自行車的兩年貸款。至於歐盟（EU）交通運輸領域的能源使用量，雖逐漸超越產業領域的使用量，不過，在一九九六年的正式交通運輸計畫中，已首次納入自行車。

此外，仰賴汽車極深的北美地區，也出現成功案例。美國波特蘭和加拿大多倫多，經過二十年努力不懈，鼓吹人們捨汽車搭巴士或電車後，空氣品質果真獲得大幅改善，都市充滿了生機。至於日本的大城市向來即以廣泛使用高效率地鐵聞名。此外，新幹線、特快車及快車更連結主要城市，完全遵照時刻表準時出發。美國加州雖不採取把汽車趕出都市的方針，卻率先打出設定嚴苛無比的零污染基準方案。其規定：在二○○三年之前，該州銷售的汽車中，有百分之十必須是不排放有害廢氣的汽車。

這裡所舉的各種努力，都是為因應汽車相關問題而採取之措施、力圖取代依賴汽車過深的系統而進行之先驅性嘗試。但是，我們還不能高枕無憂。若想建造能和日趨都市化的社會並存之高科技交通系統，除了必須進行更根本的變革之外，更需超越堆積如山的障礙。

舉例來說，汽車的缺點雖不勝枚舉，當前卻還是某種地位的象徵，日趨富裕的開發中國家人民，總存有「為什麼不能擁有汽車」之疑問。而工業國若不以身作則，就無權向其他國家勸說「汽車中心模式多麼不切實際」。世界各國的汽車廠商大概都有開發低排放水準汽車或混合汽車的需要。但是，對於朝「多利用公共交通網」的方向發展而言，「環保汽車」並沒有本質上的助益。

遺憾的是，現在仍有許多國家或區域，亟欲推動汽車中心的交通計畫。中國大陸最近取消了公共交通網計畫，而將資金投入大規模的道路建設專案。曼谷的公共交通網，幾乎得不到政府絲毫補助。而世界銀行也一樣，沒什麼好指望。世界銀行提供融資的交通運輸計畫當中，有百分之六十係用以建設高速公路。如果繼續採行這樣的政策，全球的汽車數量將會無止境地增加。

以自行車、電車或巴士取代汽車中心的交通系統——這樣的提案或許遠較許多人所想像的還要激進。這是因為必須對「何謂發展」、「何謂進步」重新加以定義，同時，也是因為幾乎沒有人對「交通量是經濟規模的指標」、「犒賞成功的禮物當然是車子」等觀念提出質疑之故。即便如此，還是必須逐步培養迥異於目前的「開發」形象。此即，社區有暢行無阻的公共交通系統為基礎，居民能夠從住家到不遠處的地方工作、上學、休閒娛樂之形象，這才是真的先進社會不是嗎？先進社會的形象不該是一個一千萬人口在噪音驚人的道路上，一面忍受公害、一面以宛如在地上爬行的二十公里速度緩慢移動的塞車大城市。

除了開發新的汽車技術或交通技術之外，社區也需要嶄新的再設計。對大部分基礎設施已告完成的先進國家而言，這是一大工程。果真如此，開發中國家或許反而有利，因為其可先思考出一套兩相平衡、可永續發展的交通系統模式，接著再設計、建設相稱的社區。

以美、日等先進國家而言，除非妥為歸納人民的意見、製造出強大的壓力，否則不會出現建設更優越的交通系統、重新設計社區等行動。當然這些國家可以藉採行適當的公共政策，來推展這類行動。例如，可以更正確地反映對社會造成的成本，增加瓦斯稅或汽車稅、支援公共運輸網等。然而，若要達成此目標，身為消費者或使用者的我們，就必須提出「我們想這樣改變」的意見。如果我們擁車自重，毫不在乎後果地開車到處去，那麼重建交通系統終究是空論一場。誠如第一章所述，我們都應具有如下的認識——即我們每個個人都必須率先做起，同時也必須積極尋求政治上的變化。

此外，最重要的莫過於必須從大局著眼。如果現在不重建交通系統，則重新建構經濟、建設一個不破壞環境、可永續發展的社會，也勢必不可能做到。而如果不建構可永續發展的經濟，則經濟本身出現破綻，進而崩潰，也只是時間的問題罷了。

## 確保「吃」的安全

對許多開發中國家的政府而言，糧食安全保障或許已經取代以往的軍事安全保障，成為最令人頭痛的新問題。如同前面所述，全球每年增加八千萬人口，預料到二〇五〇年時，全球人口將高達九十四億人。二十世紀的後五十年間，人口增加了三十六億，但是預料在二十一世紀的前五十年裡，更將增加三十三億。這個五十年和下個五十年之間的差別在於，未來五十年增加的人口，全部發生於開發中國家。

在距離現在剛好兩百年的一七九八年，馬爾薩斯寫了有關糧食和人口的名著。他提出糧食和人口的競爭問題，並說明糧食生產的成長，恐怕很難趕上人口增加的速度。而在他提出此理論的兩百年後，有許多開發中國家政府正因這個問題而倍感困擾。

先進國家的人民苦於營養過剩，而另一方面，卻有許多人因為沒東西吃而挨餓受苦。雖然近年來鬧飢荒的次數減少，但是全球仍有許多人過著瀕臨飢餓邊緣，甚或更在其下的生活。這些人口大約有十億，並且多半居住在非洲或亞洲的貧瘠土地上。這十億人不是過一天算一天的自耕自給農民，就是貧困的都市生活者。在這些人勉力掙扎、苟且度日的過程中，環境常不知不覺成為犧牲品。或因過度放牧造成土地受損、或在收集煮飯用柴火的過程中導致森林逐漸減少。這生活在飢餓中的十億人口，很明顯地面臨食物短缺難題。我們若不加緊腳步，維持人口穩定，則餓肚子的人口將會直線攀升。這麼一來，隨著營養失調的蔓延，為了求取糧食，必會砍伐更甚於以往的森林。

## 不看全貌將難以確保明日的糧食

世界銀行和「聯合國糧食和農業組織」在提出的糧食生產相關正式報告中預測，今後糧食產能依然過剩，穀物價格仍將持續下跌。然而，此預測乃基於狹隘知識而為之推斷，只會造成誤導。由於糧食生產的官方預測過度樂觀，以致政治領袖和經濟企劃官員皆誤以為「糧食安全保障沒有問題」。結果導致未投入充裕的資金在推展農業和家庭計畫上，而為此造成的嚴重後果，恐將轉嫁到將來的世代。

世銀和FAO所發表的到二〇一〇年的正式預測值，細節雖略有差異，但大致上相仿。兩者的預測都是把過去的傾向原封不動地直接延伸到未來，而獲致的結論都是到二〇一〇年以前，全球的農業生產力過剩，小麥和稻米等穀物價格都將持續下跌。然而，兩者在進行預測之際，幾乎都未把阻礙糧食生產成長的因素已漸浮現一點，納入考量。這些阻礙糧食生產成長的因素包括：施肥增加但土地的反應日漸遲鈍、水資源不足、土壤嚴重侵蝕、地球氣溫上升造成的破壞性影響等。而就糧食價格而言，世銀和FAO的預測根本與現實不符。這五十年間，穀物價格確實不斷下滑。但是，全球的主要穀物之一——小麥，其價格在這三年內卻上漲了百分之三十九。稻米和玉米的價格也開始上揚，長久以來持續不墜的傾向，已開始扭轉。

隨著中國大陸這種大國開始大量進口穀物，糧食經濟供應國所承受的負擔也日益加重。事實上，中國大陸這個全球最大的穀物生產國，目前正為工業化所帶來的大量耕地喪失所苦。根據官方發表的數字顯示，中國大陸約有一億兩千萬名勞工離開農村，流入都市。政府當局正在研擬對策，期能在最終階段，將這一億兩千萬人安置到工業領域。中國大陸工廠的員工人數，平均約為一百名。換言之，若想在工業領域僱用一億兩千萬人，就必須新蓋一百萬個工廠，而其中有許多工廠勢須毀壞耕地，方得建設。

印度的情況又是如何呢？有預測指出，今後二十年至三十年內，其人口大約會增加六億。換言之，除了目前擁有的九億八千八百萬人口之外，其未來還會增加大約是日本五倍的人口。光是為了解決這六億人的居住問題，大概就必須建造七千五百萬戶住宅。而不管是在村莊蓋房子抑或在城市興建公寓，為了準備足夠的住宅，毀壞面積廣大的肥沃農地，將在所難免。

「發展產業」並非耕地減少的唯一原因，土壤侵蝕也是一大原因。而**Kazakhstan**可說是最戲劇性的案例。**Kazakhstan**是中亞最大的穀物生產國，是前蘇聯進行農業生產戲劇性擴大的舞臺，同時也是前蘇聯和中亞的穀倉。然而，那些前蘇聯時代擴張以從事農業的區域，清一色全是能否當耕地使用都有待商榷的土地。硬在這些土地上耕作的後果是引起風化侵蝕，再加上土地過度使用的推波助瀾，以致生產力急遽滑落，所有的土地幾乎都成了廢地。Kazakhstan自一九八〇年以來，大約喪失了三分之一的耕地，一般預測，到二〇〇〇年以前，其耕地面積將只剩一半。換言之，短短二十年間其耕地將從二千六百萬公頃，減少一半，成為一千三百萬公頃（參照**圖十**）。這個曾凌駕澳洲之上的穀物出口大國，在不久的將來，恐怕連自己自足都做不到。

雖然也有二至三個類似巴西或印尼離島等耕地面積增加的國家，不過，這類甫耕作的土地生產力皆不高，多半只是勉強可供耕作而已。事實上，目前全球幾乎不存在未被利用、處於睡眠狀態的肥沃土地，肥沃的土地皆已被用於耕作。雖然如此，全球的穀物儲備量卻處於史上最低水準，只要出現一次欠收，全球穀物市場恐將立即陷入混亂。

放眼世界各地，對水資源的需求，皆隨都市化和工業化的日益發展而與日俱增。

**圖十 Kazakhstan的穀物栽培面積**
**（1960~1997年）**

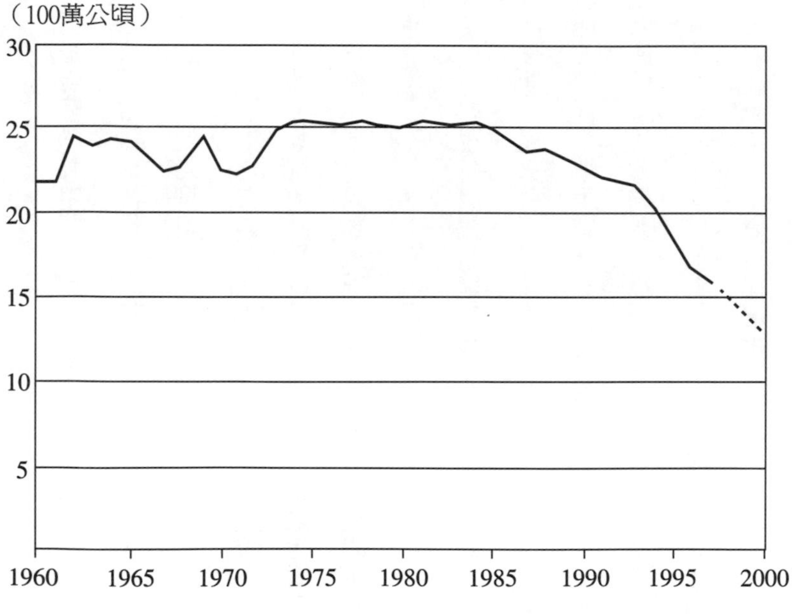

這樣的結果引發都市和農村針對日趨不足的水資源展開爭奪戰。都市迫切需要工業用水和家庭用水，而農村則需要灌溉用水。然而這樣的戰爭，勝者通常是城市，毫無例外。而隨著農村的灌溉面積銳減，糧食生產也與日俱減。

一旦灌溉用水被轉用為都市用水，為了填補產能減少所引起的短缺，該國通常便需要進口穀物。進口一噸小麥相當於進口一千噸水。水資源匱乏國進口水資源最快的方法即是進口穀物。以往穀物的國際貿易模式乃是由土地不足的程度形塑，如今水資源匱乏之程度的影響力已逐漸擴大。

現今全球成長最顯著的穀物市場乃是北非、中東、從摩洛哥延伸至伊朗之區域。一般預測，這個地區在人口趨於穩定之前，大概還會增加幾近目前兩倍或三倍的人口。但是，這個區域的國家也都面臨水資源欠缺的嚴重問題，無一例外。在都市化和工業化的帶動下，灌溉用水逐漸被轉作其他用途而日益減少，結果造成穀物進口量與日俱增。若將生產此地區一九九七年進口的穀物所需之水量作一計算，其結果將和尼羅河的年間流量相去不遠。

全球穀物的收成量從一九五〇年開始，激增近乎三倍。而促此巨幅成長的最重要因素，或許是施肥量的增加。從一九五〇年到一九九〇年，全球的肥料使用量從一千四百萬噸提高為十倍，達一億四千萬噸。然而，到了一九九〇年代，許多國家的施肥量就和灌溉用水一樣，停止增加。究其原因發現，施肥量也有最適當的水準，超過該水準並不會帶來更高的經濟效益。例如，一九九〇年代中期美國農家使用的肥料量，即較一九八〇年代初期為少，日本和西歐也有同樣傾向。施肥量若提升到作物品種可吸收肥料的生理學極限，則即便再追加更多肥料，也無助於生產。一方面是水資源不足，另一方面則是對肥料的反應日漸遲鈍，這兩個問題反映出，想快速且持續提高世界的穀物收成量，將會愈來愈難做到。

既然取自陸地的糧食已難以增產，那麼是否該向海洋尋求糧食問題的解決之道呢？可惜！海洋漁業似乎也陷入困境，無法協助解決問題。漁獲量從一九五〇年的一千八百萬噸，在一九九〇年增加為九千萬噸，但是，這七年間其卻既不增也不減，呈現停滯狀態。

每一名人口的海產物平均消費量，從一九五〇年的八公斤，在一九九〇年增為兩倍，達十七公斤。大約二十年前，海洋生物學家即提出警告表示，「海洋恐難維持一億噸以上的漁獲量」，如果當時人們傾聽這個警告，努力維持全球人口穩定，則每一人的平均海產物消費量將可持續維持在十七公斤，毋須變動。然而很遺憾地，在一九八八年達到顛峰之後，其後每一人的平均海產物消費量，即減少百分之八（參照**圖十一**）。前一世代每一人的海產物雖穩定增加，但相對的，到下一世代時，每一人的海產物消費量恐將逐步減少，而價格則將逐漸攀升。此趨勢將一直持續，直到全球人口停止增加為止。

既然海洋漁場陷入困境，今後若欲增加漁獲量，唯有仰賴養殖。然而問題是，養殖池的魚需要飼料。養殖其實就是「海洋版家畜飼養場」，因此，為了穀物，海產養殖將會和人類展開爭奪戰，進而和養雞、養豬、養牛的業者出現對立衝突。

當前的狀況是，無論是製造大型漁船抑或使用高效率的漁業技術，都無法提高海洋漁獲量。誠如前面所述，自然的限制條件為當前左右漁獲量的因素。亦即，我們是

## 圖十一 全球每一人口的漁獲量（1950~1996年）

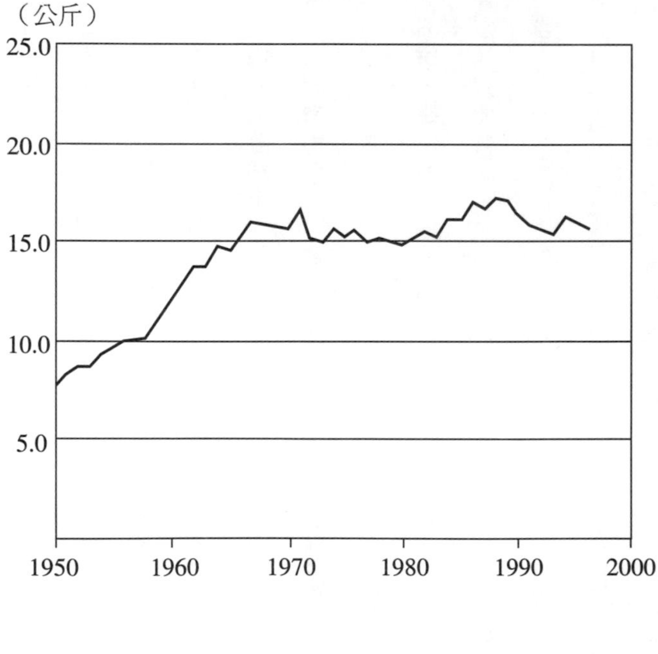

否以可永續發展的方式發展海洋漁業。

全球的穀物需求量以史無前例之勢持續擴大，如果一九九〇年代以降，全球穀物收獲量的成長率沒有回升，全球的穀物價格勢將節節攀升。對富裕階層而言，食物的費用因為佔收入的比重極小，因此即便穀物價格上揚，也不致有太大影響。但是，對那些一天只靠一美元、甚或其下維生的十三億人口而言，糧食價格上漲將立即成為攸關生死的問題。那些無法購買足夠糧食扶養家人的一家之主，或許會挺身展開抗議運動，要求政府負起責任。而一旦大多數開發中國家皆面臨政治不穩定，則問題將不再只是開發中國家的問題，更會對跨國企業的營收產生影響，促使國際通貨體系更加動盪不安。換句話說，其恐將威脅到全球的經濟發展。

## 為什麼經濟學家的預測總是不準？

由上可知，沒有一個時代像當前這樣，需要綜合所有糧食問題的相關觀點來作一系統預測。一般認為，ＦＡＯ和世界銀行對未來糧食產量過度看好的理由，主要在於提出預測的是經濟學者，以及整個計算所依據的知識過度狹隘所致。要在日趨複雜的世界，進行切合實際的預測，需要超領域的跨學科團隊。首先，若想進行切合實際的糧食預測，就必須詢問土地利用的專家，未來會有多少耕地被轉用到非農業用途。其中，工業化進展速度空前的亞洲相關資訊尤其重要。另外也要把中國大陸和印度發展汽車中心交通系統、推動都市化之際所造成的耕地減少，一併納入考量。例如，大陸的汽車數量在一九九五年為二百萬台，預計到二〇一〇年時，將增為二千二百萬台。若把為了建設道路、高速公路或停車場而破壞的耕地也納入考量，則此計畫可說對未來糧食安全保障構成威脅。

預測全球糧食供應量之際，植物生理學家的意見也是不可或缺。這是因為現有作物品種吸收肥料的生理學極限——亦即，使用多少肥料才能提高收獲量——也是必須考慮的因素之故。目前已有數百萬個農家對目前的農作物，施以無法有效吸收的過量肥料，若將此現狀納入考量，則將有必要重新評估未來穀物收獲量的成長率。

如果預測團隊中有生化科技專家，引進與基因工程相關的最新評價，必可作更精準的預測。此即運用生化科技，就能夠開發多少較目前耐乾旱、抗鹽害、抗害蟲的作物品種，進行預測。生化科技自開始研究以來雖已經過二十年，但是尚未成功開發出高收獲量的小麥、稻米或玉米等品種。不過，其或許可以在開發對乾旱、鹽害或害蟲有較強抵抗力的農作物品種方面，對糧食增產提供助益。

也應該邀請氣候學家加入團隊。自有農業以來，因應反覆無常的天候，可說是農家的家常便飯。但是，未來還必須因應氣候變遷。隨著氣溫上升，天候模式的變動幅度可能會比現在更大。例如，或許會出現更強烈的暴風雨或長期乾旱。近年來，足以讓農作物枯萎的熱浪發生頻率不斷增加。一九九五年美國等數個主要糧食生產國由於熱浪來襲，以致穀物收成量減少。

如果團隊有氣候學者，便可推論隨著大氣中的二氧化碳、其他溫室效應氣體的增加，熱浪發生頻率或強度將會產生何種變化。以往的農業預測，或許不需要將地球氣候變遷納入考量，然而，一個和一萬年前有農業以來即持續至今的時代大相逕庭的新時代，正蓄勢待發。

如果沒有農業經濟學者，就土壤侵蝕及土壤喪失對未來土地生產造成之影響進行推測，則展望產量增加的預期也會過度樂觀。由於土壤侵蝕是一種漸進的過程，加上表土喪失相關資料缺乏，因此以往的糧食生產預測都未將其影響納入考量。

水文學家會針對水資源的使用，特別是就可供作灌溉和生產糧食的水量，進行推測。再者，其亦可針對主要河川污染和枯竭所造成的影響，進行評估。沒有水就不能生產糧食，因此，在預測未來時，如果沒有把水資源因素納入考量，將大有問題。

此外，經濟學者也不可或缺。經濟學者不會一昧地以「過去的趨勢」為前提，而會如前所述地，針對就如果狀況改變、價格上升，生產的一方會如何反應等，進行評估。例如，一九七〇年代中期，曾發生過穀物價格躍為兩倍，糧食價格也上揚的事件。當時，全球大幅增加對拖網漁船的投資，結果帶動了漁獲量上升。而一九九〇年代下半的現在，人們再度面臨糧食價格上揚的局面。然而，如果這次也循上次經驗而增加投資，那麼只會使海洋漁場提早瓦解，並無助於問題的解決。

思索未來的糧食供給或環境安全保障的策略之際，必須綜觀整體。確保下世代有充足的糧食，並非只是農業的問題。以往，生產充裕的糧食乃是農業相關單位的責任。這是因為透過微幅修正農業政策、增加農業投資，即可減少糧食安全保障問題之處甚多之故。然而，時至今日，在維持糧食和人口的平衡上，推動家庭計畫的人員所扮演的角色，重要性也不亞於農家。此外，政府能源機構的政策，也會左右二氧化碳排放量或未來氣候的安定。換言之，從保障未來世代糧食安全的觀點而言，能源機構的政策和農業相關單位的決策一樣，具有重大影響力。

日本有百分之七十以上的穀物仰賴進口。由這點便可知道糧食安全保障為什麼無比重要。一旦全球性糧食不足，則即使他國出再高的價格購買，自己國內穀物價格已高漲的國家，恐怕也沒有產品可供出口。

## 確保生存之策略擬定

思考未來時，最大的難題之一是，設計一個可供應所有人充足的糧食和用水之系統。這當然是因為唯有滿足糧食的需求，才能邁向建構可永續發展的經濟目標之故。

然而，究竟要怎麼做？應該從哪裡著手？

在農業領域有許多可行方案，而可行方案即必須實際實行。目前全球仍有許多穀物收成量可大幅提升的國家，也有部分區域還有一些今後可供作耕作的土地。

我們應對按照何種優先順序來利用土地，加以重新檢討。從全球的觀點來看，這五十年間，大部分時候糧食皆生產過剩。為此，土地被誤以為「過剩」，許多土地因而不是被丟在一邊任其荒蕪，就是為其他目的所用。然而，值此糧食不足時代，世界各國便應採行保護耕地的措施。對耕地的變更使用，或許也有課以重稅之必要。換言之，想毀壞耕地，建設工廠、住家、購物中心或高爾夫球場的人，必須對變更耕地用途繳納稅金。如此一來，或能促其重新評估，另覓耕地以外的土地建設。除了課重稅之外，尚有其他方案。例如，中國大陸為了確保耕地，積極推行鼓勵火葬、放棄土葬的獎勵措施；而越南為了保護水田，採行禁止建設高爾夫球場之管制。

改善水資源的利用效率有多種途徑。雖然有些國家視水為免費資源，而以免費或收取象徵性費用的方式，提供給農業、工業、都市居民使用，然而我們應開始在市場機制中管理水資源，以反映出真正的成本。雖然必須設定特別的收費方式，以保護低收入者，不過，藉著在市場經濟中管理水資源的方式，或可把水資源的需求降到帶水層不致枯竭的可永續發展水準。藉此轉移到市場機制之方式，包括灌溉設施、家庭用品，對提高水資源使用效率相關技術的需求，將會應運而生。只要可供灌溉的水資源增加，糧食增產的前景也勢必看好。

我們也應更積極研究土壤侵蝕問題，提出解決方案。日本的農地幾乎都是水田，由於管理相當嚴謹，因此土壤侵蝕問題並不嚴重。在耕地的保護上，日本堪稱全球最成功的模式。甚至連東京等大都市，目前都保留著數百個小水田。此成果清楚反映出，日本亟欲透過土地劃分利用的方式保護水田之決心。在細心注意、照顧保護耕地措施下，日本至少在主食——稻米的供應上，可以持續維持自給自足。

不過，其他國家則多半面臨嚴重的土壤侵蝕問題。為確保穩定的糧食生產，必須挺身對抗。實施土壤保全留存計畫（conservation reserve program）的美國，可說是此領域的先鋒。此計畫採行如下方式：對於被過度侵蝕的農地，除非實施當局認可的土地管理計畫，否則政府將不給予各種方便。而土地管理計畫的目的則是，確保侵蝕造成的土壤流失速度，不會超過以自然過程形成土壤的速度。

此外，我們必須投入更多資金在農業研究上。在高度產業經濟，甚至在後工業經濟，人們皆認為「資訊」是魔法資源。然而，資訊不能吃，資訊唯有在透過研究或應用，變成實際可用的知識時，才可能成為我們的糧食。近年來，資訊領域的促銷活動頻仍激烈，但是，即便置身其中，我們仍不能忘卻農業或農業研究的重要性。雖然研究農業大概也不會有革命性的創新發現，而一舉解決糧食問題，然而，隨著全球糧食不足時代日漸逼近，當前再微小的技術進步，其重要性皆遠較以往為高。

重新檢視富足社會的飲食習慣和生活方式，亦對糧食安全保障有所助益。隨著糧食匱乏日趨擴大，位居消費眾多動物性蛋白質的食物鏈上方之飲食習慣，在環境面必須付出高昂的成本。例如，美國人平均一年攝取八百公斤的穀物，而攝取的形態主要為家畜產物。與其恰成明顯對比的則是印度，印度人一年攝取兩百公斤穀物，而且多半直接以穀物的方式食用。

像我們這種富裕國家的人民，以往一直一步一步地往食物鏈上方爬升，不過，當前必定也有許多人基於健康上的理由而選擇下降。我並非主張人人都應變成素食主義者，不過，若能改變飲食習慣，縮減肉類的消費量，則供家畜或家禽作為飼料用的穀物，也會隨之減少。從食物鏈上方往下降，除了可以縮減需要的穀物之外，更可以改善自己的健康。先進國家的疾病或早逝，大多肇因於食用過多含脂肪成分的肉類。若像目前一樣食用過多含脂肪成分的肉類，會對健康產生何種不良影響？——若能對此進行調查，並實施對人民的啟蒙計畫，則必能帶動爬下食物鏈之風潮。

重新檢視生活方式，意味著認識自己對更大的地球村之責任。同時，也意味著走出自己的小世界，環視更廣大的世界，以及理解我們每個個人都有維護環境安全之義務。飲食習慣、用水習慣、消費習慣、丟垃圾的習慣，每一種習慣都可以使糧食生產和生態系之間的平衡，維持穩定或不穩定。此外，企業領袖也可以扮演核心角色。因為增加糧食生產、提高水資源利用效率所需之新科技，將會帶來莫大的投資機會。

以上我說明了幾個邁向下一世紀，確保糧食安全所需之方法。然而，如果不針對最根本的問題，進行最實際有效的努力，則任何一種方法不是形同虛設，就是無法發揮太大作用，變成紓解一時困難的暫時措施。如前所述，維持氣候和人口穩定，才是人類面臨的最重要課題。氣候變遷會左右糧食的供給，而人口問題會左右糧食的需求。簡單來說，地球上的人口增加愈多，所需糧食也愈多。如果未來五十年內增加三十三億人口，所需要的糧食規模將更為龐大。

容我再重複一次，若從大局觀諸目前狀況，則結論是不言而喻的。如果不使人口維持穩定，將無法獲得糧食安全保障，而如果糧食安全得不到保障，將無法確保長期的經濟發展或繁榮。

接下來，我將針對邁向永續發展的五個主要步驟中的最後一個，進行探討。

# 追求人口零成長

我們在本書各章節中，不斷地說明「為了創造可永續發展的經濟，必須從各個層面來考量人口問題」。然而，「全球人口增加」並非只是眾多問題當中的一個，而是最核心的問題。開發中國家裡面，有些國家的人口甚至可能暴增達目前人口的兩倍、三倍。若不能抑制開發中國家人口的增加速度，則追求「更好的生活」之夢想恐怕也將止於夢想，難以實現。

如果全球人口持續增加，則全球經濟的產出量——尤其在急遽工業化的亞洲國家——也會持續增加。但是，如果成長是藉踐踏環境而締造，則成長終究會終止。一旦支撐經濟的支援體系瓦解，經濟將難以長期持續成長。

## 人口增加真的是威脅嗎？

回顧進化的歷史，高出生率乃為了不使人類物種滅絕的必要條件。若考量受疾病或猛獸威脅之危險，則生育許多小孩的確有其必要。然而，現在卻是怎樣一個狀況呢？過去掌握生存關鍵的高出生率，現在卻成為能否維持當前文明於不墜的最大威脅。如果人類自己不努力圖謀人口穩定，不久的將來，大自然必會藉新的疾病或大範圍的飢饉，來遏止人口增加。如果人類再繼續漠視地球的容納力，毫無節制地為所欲為，大自然必會自行扛起責任，恢復人類與支撐人類的地球能力之間的平衡。

或許也毋須再進一步強調「人口增加的確是個大問題」了，因為已經有許多人提出此問題加以探討評論。雖然如此，還是有人不願正視這個問題的現實與迫切性。更有甚者，還有更多的人不想改變一路走來的方向，抑或根本不知如何是好。

著名的科幻小說作家艾札克・亞西莫曾做過有趣的計算，觀察此計算即可明瞭人口增加問題的嚴重性。他指出，「如果全球人口以百分之二的年成長率，持續增加一千八百年，則人類的質量將會超過地球的質量」。易言之，只要短短一千八百年，生存在這顆星球上的我們，重量就會超越這顆星球。雖然這種結果不可能實際發生，但是大家應可對其基本重點有一深切瞭解。「人口增加」真的是一大問題。

此外，還有一個簡單但容易明瞭的計算。假設某個國家的人口成長率為每年百分之三——肯亞和沙烏地阿拉伯目前的成長率即是——則只要一個世紀，人口就會變成二十倍。不是增加百分之二十，而是二十倍！如果各增加百分之三，則二十四年人口就增加一倍，四十八年就變成三倍，七十二年變成八倍，九十六年變成十六倍，然後再過四年就變成二十倍。如果日本的人口以年成長率百分之三的速度攀升，到了二〇九八年就變成二十五億人，為目前中國大陸人口的兩倍。

有趣的是，許多日本人認為「日本人口穩定非但不可喜，反而令人憂心」。這些人會說：人口增加遲緩，將造成高齡化社會、勞動階層減少、經濟成長下滑等各項問題。但是，我們絕不應把人口增加緩慢，進而達到穩定，視為問題。事實上，除了維持人口穩定之外，並無其他可讓經濟永續發展的方法，因此，日本目前邁進的方向極為正確。

現今全球共有三十三個人口增加率為零的國家，日本也是其中之一。其餘的多半是歐洲國家。我認為日本能把人口增加率控制為零，實在令人欽佩，並深盼日本政府和人民能以此為榮。對日本或其他三十二個人口穩定的國家而言，應進行的挑戰並非「獎勵生育，促進人口持續增加」，而是應積極重新設計社會和經濟體系，以因應高齡人口漸多的新人口結構。換言之，即必須向重建就業環境和勞動體系的目標挑戰，以配合人口零成長之可喜事實。

這三十三個人口幾近穩定的國家，人口總數不過佔全球人口的百分之十四，然而其經驗帶給我們的啟示卻極明顯易見。人口穩定的成熟產業經濟，對地球的要求或對生態系造成的壓力也會維持穩定，不會持續增加。舉例而言，歐盟的人口為三億八千萬人，相當穩定。由於其國民所得已達相當水準，因此每一人的穀物消費量平均每年大約四百七十公斤，變動不大。換句話說，歐盟各國可說獨步全球，首度達成對地球農業資源的需求維持穩定之目標。最重要的是，由歐洲實質上出口穀物一點可知，歐洲乃是在本身的土地和水資源的範圍內，達到對農業資源維持穩定要求之目標。這是邁向可永續發展的一大步。

## 二〇五〇年全球人口高達九十四億

對佔有全球百分之八十六人口的其他大約兩百個國家而言，當務之急就是儘快抑制人口增加。不過，這並非只是各當事國的問題，而是全人類的課題。

全球人口自一九五〇年以來，已增為兩倍以上。一九五〇年以前出生的我們，可說是人類史上第一個在自己的一生中目睹世界人口倍增的世代。我們也可以把一九五〇年以來的人口增加換個說法，變成「比人類開始直立步行以來的四百萬年間增加的人口還要多」。由此可見其人口增加程度之空前，莫怪乎我們無法理解其規模或所有可能造成的後果。

人口增加之勢，不可遏止。聯合國預測指出，到二〇五〇年時，全球人口將達九十四億人，較目前增加三十三億人。由於一般認為，先進國家的人口在這段期間將微幅減少，因此增加的三十三億人，將全數發生在開發中國家。現在開發中國家就已處於天然資源匱乏的狀態，如果再將未來增加的三十三億人口所需水量約等於尼羅河流量的三十倍、飲食水準略在當前貧苦人民之上等因素納入考量，則不趕快將全球穀物收成量提高為兩倍，將無法因應其需求。不僅如此，對數百萬個教室、住家、工作機會的需求，也將出現。

聯合國預測增加的人口當中，一般認為，大約有百分之六十會出現在亞洲。亞洲的人口將會從一九九五年的三十四億，在二〇五〇年一躍而為五十四億以上。其中，中國大陸的人口目前雖為十二億，但屆時將超過十五億。印度的人口則會從九億三千萬，一躍而為十五億三千萬，成為地球上人口最多的國家。此外，到二〇五〇年時，中東和北非的人口預計將增為兩倍以上，而沙哈拉以南的非洲人口將增為三倍。光是奈及利亞一個國家，到二〇五〇年時人口即增為三億三千九百萬人，遠超過今日北美大陸人口之總和。

如前所述，地球人口每年大約增加八千萬人（請參照**圖十二**和**表一**）。換言之，

圖十二 世界人口的年平均增加率
（1950~1997年）

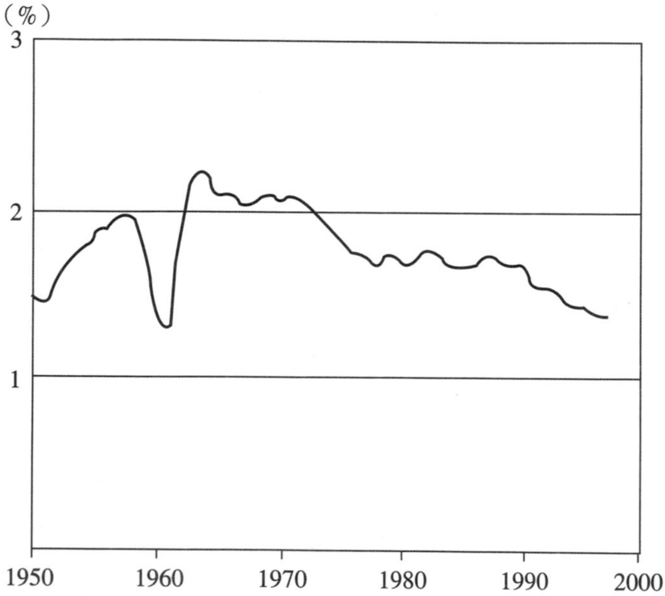


表一 全球的人口增加(1950~1997年)

| 年 | 人口<br>(10億人) | 年平均成長率<br>(%) | 年間增加人口<br>(100萬人) |
|---|---|---|---|
| 1950 | 2.556 | 1.5 | 37 |
| 1960 | 3.039 | 1.4 | 42 |
| 1970 | 3.707 | 2.1 | 75 |
| 1980 | 4.454 | 1.7 | 76 |
| 1990 | 5.278 | 1.7 | 87 |
| 1997 | 5.847 | 1.4 | 80 |

每年都必須提供糧食和住家，給七個規模相當於東京等城市的人口。

不過，觀諸歷年數字即可發現，人口增加率在一九六三年躍居史上最高水準的百分之二・二之後即逐漸遞減，並在一九九七年降為百分之一・四左右。而實際增加的人口也從一九九〇年的八千七百萬人，漸次下降，在一九九七年降為八千萬人。人口增加速度日漸遲緩的原因之一乃是，印度、孟加拉、巴西等眾多主要國家的出生率遠較當初預期為低所致。全球的出生率——即平均每名女性一生中生育的小孩數目——從一九八五年的四・二人，在一九九七年降為二・九人。

全球正朝正確的方向跨出一小步。但是，我們仍須儘速採取行動，趕在預測的年代之前穩住人口。重要的並非「增加多少人」或「增加幾個百分點」，而是「人類是否在賴以為生的生態系容納範圍內生活」。

經濟學家中，有部分人士主張「出生率不斷下降，因此不要緊」。然而，較出生率來得重要的是，全球人口對漁場或森林產物、水資源等生態系得以永續產出的量，做何要求和施加何種壓力。目前的狀況是，這些生態系皆遭受過度的剝削和搾取。遺憾的是，我們沒有記錄自然資本和消費了這當中多少資本的適當「庫存系統」。而唯有針對各國和整個世界的容納量作一評估，人口預測始有其意義。為了抑制天然資源的破壞、滿足所有人的基本需求，我們必須立即採取維持人口穩定所需的廣泛對策。

只要把孟加拉和巴基斯坦的人口趨勢作一比較，即可明白立即採取行動的重要性。當孟加拉於一九七一年脫離巴基斯坦，宣佈獨立之際，孟加拉的政治領袖即戮力抑制出生率。相對的，巴基斯坦的領袖並未採確實行動。當時兩國的人口各約六千六百萬人。如今巴基斯坦為一億四千萬人，孟加拉則為一億二千萬人，差距高達二千萬人。拜及早實施家庭計畫之賜，孟加拉不僅得以把這二十五年間的人口增加控制在二千萬人，而且到了二〇五〇年時，其人口更將較巴基斯坦少五千萬人。

當前全球所面臨的亦是相同的抉擇。聯合國預測指出，截至二〇五〇年為止，地球上的人口可能高達一百一十一億人。由此觀之，未來的人口數將取決於現階段採取的行動。而全球人口的規模，最後將對世界各國人民造成直接影響。

人口若是激增，開發中國家將難以因應社會、經濟、環境等緊急問題。如果每二十年至二十五年，人口即變為一倍，則不管是糧食、水資源、教育設施或醫療服務，都不可能迎頭趕上。如此一來，人口增加不但不是帶動經濟起飛的觸媒，多數時候反而是適得其反。某一位聯合國大使曾說：「人口增加對許多國家乃是攸關存亡的問題，這是因為人口增加將逐步吃掉經濟發展之故。若不儘快抑制人口成長，則即便往前進展了一步，也會被倒推回兩步。」

以當前世界經濟互相依賴、密不可分的程度，不管是哪裡發生環境破壞或社會動亂，都會影響各個角落，衝擊全世界。在互賴關係緊密的今日，佯裝不知、袖手旁觀已不可能。經濟學家或許會認為「連語言文化迥異的遙遠國家的狀況都必須納入計算，未免過度複雜」。但是，縱使再難計算，唯一可確定的是，人口增加必將對全球經濟發展產生巨大影響。

制止人口增加是全球人民的課題，而家庭計畫或教育、醫療等服務，乃實際實施人口政策的重要方法。此外，不管是哪個國家，在二十一世紀皆應把評估環境的容納量，納入國家政策的一環。

## 人口——敏感的問題

在邁向可永續發展的道路之際，不管是在政治面或文化面，人口問題都是最微妙、棘手的問題。先進國家中，也有部分人持有「人口增加是在開發中國家產生的，因此都怪開發中國家不好」等武斷想法。遺憾的是，這類批判的背後，多半隱藏著民族主義或不認同其他文化的態度。不過，很明顯地，這種批判的本身並不中肯，也不公允。首先，決定一個國家的環境受多少影響之因素，並非只有該國的人口，尚須將消費水準或使用的技術等，加以合併考量。

再者，長久以來，先進國家提供給開發中國家的援助一直有所偏差，這是不可否認的事實。經濟富裕的國家一直透過糧食援助、建立完整的醫療服務等方式，協助落後國家降低死亡率。但是，卻沒有同時努力降低出生率。以往，開發中國家的出生率高、死亡率也高，如今其死亡率已顯著下降，但是出生率依舊維持高水準。在這樣的情況下，即便發生人口爆炸，也不足為奇。換言之，我們可以把人口爆炸性增加的原因之一，歸咎於先進國家不當的政策和技術使用方式。人口的增加和抑制問題，並非某個遙遠國家的責任。若從全球的觀點來看整體，則抑制人口增加乃是所有國家的重要課題。

但是，就具體作法而言，政治家和神職人員常會有宗教上的顧慮或偏頗看法。尤其是觸及有意識地限制人口增加問題時，每每會演變成有一觸即發危險的爭論。例如，天主教教會即拒絕利用人工的方式限制人口，而且不管這種人工方式是何種形式。而每當提及是否將墮胎納入家庭計畫政策等問題時，在美國就會引起激烈的爭論。但是，不管「維持人口穩定」這個問題有多麼棘手，我們都不能避而不談。

未來，許多國家的政治領袖可能都必須面對「一對夫妻生育兩個以上孩子的道德上理由，是否有存在之必要」的質疑。如果進入平均每一人的漁貨量和穀物收成量有減無增的時代，恐怕連「想要多少小孩，就可以生多少小孩」的權利，也都必須受到重新檢討。雖然這是每個國家的政治領袖一直躊躇不前、感到棘手的問題，但是這個問題不正是和「是否有想燒多少石化燃料就燒多少的權利」、「是否想排放多少廢棄物就可以排放多少」一樣嗎？

在這樣的氛圍中，中國大陸政府可說是最明顯的例外。中國大陸的「一胎化政策」，一直是國際批判的對象。其實施方法看起來的確有待商権，不過，我想其領導者恐怕也是沒有其他可選擇的方案。最根本的問題在於，中國大陸太慢處理人口問題了。好容易察覺此問題的嚴重性時，已經沒什麼選擇的餘地了。既已面臨人口壓力沈重，除了「一胎化政策」之外別無選擇的餘地，自然也無法期望該政策能順利實施。從政治層面而言，這個政策並不受歡迎，因為大多數人都希望至少能有二至三個小孩，有些人甚至想要更多。

我再舉一個饒富興味的例子。近來伊朗的人口政策正逐漸發生變化。柯梅尼在一九七〇年代後半發動革命取得政權時，第一件事即是廢除前國王主導的家庭計畫專案。當時他曾說：「為了和獨裁的西方世界競爭，伊朗需要的是更多更多的嬰兒。」（我認為柯梅尼所言的確不假）

歲月流逝，就在突然驚覺人口並非三千萬，而是逐步逼近五千萬大關時，人們開始意識到，伊朗已經沒有天然資源了。森林不著痕跡地消失殆盡、土壤則以驚人速度受到侵蝕、全國各地的地下水位不斷下降。雖然一般預測，伊朗的人口將成長達一億八千萬，但是伊朗人卻突然領悟到，實際擁有這麼多人口，將是一件多麼危險的事。於是，政府開始著手推動計畫生育。週六早上，在清真寺做完禮拜後，馬拉（回教的指導者）就會催促人們前去社區的家庭計畫中心尋求協助。這可說是戲劇性的轉變。伊朗的轉變清楚地反映出，在擬定人口政策之際，是可以把對地球環境的顧慮，擺在神學之前的。

## 家庭計畫、健康保健、教育

觀諸歷史可以發現，當經濟起飛、生活水準提高時，出生率即會隨之下降。誠如當前歐洲所示，當人口穩定、經濟成熟，對大自然的要求也會趨於穩定。這是歷經長久歲月，在日本與西方國家中，一點一滴、逐步發生的事實。

然而，開發中國家的情況卻不一樣。如前所述，死亡率在一夕之間驟減的結果，導致有些國家的人口年成長率高達百分之三以上。提供降低死亡率援助的先進國家，當時也應同時提供降低出生率的援助。正因未採行此措施，以致更助長了其急速的人口增加速度。目前已經沒有餘裕等待其經濟起飛，再來帶動出生率下降。減少貧困和飢餓，當然也是重要的目標，有其意義。不過，並非經濟不快速成長，出生率就不會減少。例如，孟加拉的平均年收只有二百四十美元，但是出生率卻從一九七〇年初的七人左右，銳減為三・三人。

想要抑制人口增加，除了等待該國經濟起飛之外，尚有其他有效方法。而想要降低出生率，最重要的即是，將資金用到家庭計畫、教育、健康保健上。不過，除此之外，先進國家可以貢獻心力的領域還有許多。若欲將開發援助有效地運用在穩定人口上，即應協助各國進行容納力的調整，並就各國大約會增加多少人口、可以生產多少糧食、土地和水資源未來會作何變化等，作一預測。只要進行調查就會發現，需要的糧食將遠超過可生產的量。事實上，目前還有許多國家尚未察覺這個問題的嚴重性，也不理解自己國家環境層面的實際極限。只要開發中國家的政治家能開始運用這類資訊，其經濟政策和投資策略，勢必也會有所改變，而一般人民也會瞭解「多子多孫絕非多福氣」的道理。

到目前為止，我一直在「看守世界研究中心」出版的年鑑《地球白皮書》，以及自己的著作當中，不斷呼籲大家應該進行容納力調查。目前已有幾個主要國家開始對這點表示關注。例如，中國大陸逐漸開始重視容納力，而伊朗也有關心環境問題的人士和我接觸，希望我能提供協助。

穩定人口的第一步為家庭計畫。把對有意使用家庭計畫方案的女性造成阻礙的實際層面、社會層面之障礙加以排除，極其重要。全球增加的人口當中，有三分之一係來自於因男女雙方無法利用家庭計畫方案造成之意外懷孕。而全球總計有一億二千萬名以上的已婚女性，以及數目凌駕其上之有婚前性行為的成人或青少年，可以歸入此類。

有些夫妻雖然不想要太多孩子，卻沒有實施家庭計畫。究其原因主要有：包括沙烏地阿拉伯、阿根廷等許多國家，因為政府的政策，以致很難取得避孕用具；再者，避孕用具所在地的遠近，也會左右使用頻率，例如，在非洲的農村地區，人們如果不花費平均兩個鐘頭的外出時間，就拿不到避孕用具；更有甚者，這種受孕調整法的花費還相當高昂；有許多夫婦欠缺涵蓋服務在內的健康保健，而家庭計畫中心也因為經費不足，以致避孕用具和人手多半不足。

此外，雖然不想生太多孩子，卻因為不知道有家庭計畫方案，或因為文化、宗教上的價值觀、家人反對等理由，以致無法使用避孕用具的女性也相當多。例如，巴基斯坦有百分之四十三的丈夫反對家庭計畫。全世界有十四個國家規定，女性必須事先獲得先生同意，才能裝避孕用具。此外，規定「接受永久性不孕處理時，必須配偶同意」的國家，超過六十個。雖然這些國家主張，如果不訂規定，將造成配偶和衛生人員之間發生糾紛，不過，這些規定卻也變成女性無法掌控出生率的巨大絆腳石。

但是，這並不表示只要實施家庭計畫方案，人口增加就會趨於穩定。即便只要有意願，任何人都可以利用家庭計畫方案，未來五十年人口還是會持續增加。原因之一是，渴望大家庭的人甚多。為此，我們也必須從「為什麼追求大家庭」這個最根本的社會層面下手，尋求因應之道。

現階段仍有許多國家的人民，若不生育眾多子女，就無以維生。小孩是家庭經濟的重要部分、年老後的依靠。孟加拉專門提供中小企業融資的格拉明銀行，目前正透過對孟加拉與其他國家的貧困女性等為數一百萬名以上的村民提供融資，力圖藉此方式改變上述狀況。如果能獲得融資，女性將可靠一己之力賺錢，中斷貧困的惡性循環，而生育眾多子女的需求也會隨之消失。

再者，只要醫療服務獲得改善，人們就會接受孩子不必生太多的想法。因為只要嬰幼兒死亡率降低，父母就會瞭解，孩子即使生得少也不要緊。若是在「多數小孩於長大成人之前即告夭折」的情況下，父母就會生育超過實際期望的小孩人數，以確保其中有幾個可以留存至成人。在上一胎生產後不滿一年即再懷孕生產的小孩，死亡率較間隔二至三年後再生產的小孩高。透過改善醫療服務、對夫婦施以適當生產間隔教育、加強對小孩的預防接種服務等措施，必可降低小孩的死亡率。

此外，積極進行各種教育也極為重要。若能提供年輕男女避孕用具或家庭計畫等相關資訊，則進行計畫生育的夫婦必會增加。如前所述，目前連伊朗的清真寺，都被用來作為實施這類教育的場所。而泰國所有年齡層的人民，均接受宣導家庭計畫重要性的教育，泰國的「人口社區開發協會」運用展示、廣告、編寫易聽易唱的歌曲等，獎勵計畫生育。甚至連學校的教師，都使用人口相關的例子進行數學教學。經過種種努力，泰國的人口增加率已從一九六〇年的百分之三強，在目前下降為百分之一，和美國不相上下。

對一般人民實施教育啟蒙，也有助社會轉型至小家庭制。其中尤以讓女性接受教育，最為重要。印度南部地區，受教育的女性因為有了養兒育女以外的選擇，因此年老後不必依賴子女也可安度餘生。此外，訂定兒童必須全部到學校上課之規定，除可帶領文化的良性發展之外，也有助於視兒童為勞動力的習慣早日消失。最後，如果能公佈前述環境容納量的調查結果，則每個人都可一窺全貌，而小家庭的重要性，也勢必更能為人所接受。

## 家庭計畫——政府和企業

我們必須從幾個層面，來推動實踐上述步驟所需之行動。一九九四年，聯合國在開羅舉行人口發展會議。世界各國政府就人口與reproductive（生與生殖）保健相關二十年計畫，達成協議。據聯合國的估算，到二〇〇〇年為止，實施此計畫所需資金，一年為一百七十億美元，而到二〇一五年時，則為一年二百一十七億美元。這兩個金額都較全球兩週的軍事費用低。即便如此，支援此計畫的國家，泰半沒有遵守提撥金額的約定。而在開羅舉行的會議中，參與國都同意，開發中國家和處於轉型期的國家負擔總金額的三分之二，提供援助的先進國家則負擔剩下的三分之一。

雖然開發中國家皆恪遵約定的出資額，但是很遺憾的，先進國家方面並未履行約定。聯合國調查指出，一九九五年富裕國家的官方財源或慈善事業機構提供給這個計畫的援助，不過區區二十億美元，低於約定金額的一半。更有甚者，目前在援助國之間，正醞釀否定開發援助的氛圍，為此，援助金額恐將更趨減少。由於先進國家提供的資金不夠充分，因此聯合國推估，迄二〇〇〇年止，將更進一步產生一億二千一百萬起意外懷孕。一般認為，這些非期待中的懷孕，有三分之一強會墮胎，但是剩下的三分之二則會生下計畫外的孩子。

地球的人口問題已不容擱置，為了規避人口再次增為兩倍的事態，我們必須立即採取行動。人口是否能在地球可支撐的水準下維持穩定，完全取決於是要現在立即採取行動，抑或仍要繼續袖手旁觀。如果人口持續擴張，經濟發展終究會因為環境惡化而受創。

解決人口問題，不能只交由政府或非政府組織（NGO）來負責。對個別企業而言，這個領域也充滿著健全且值得投入的商機。例如，「維持人口穩定」即意味著，全球避孕用具的使用將急速增加。這就是商機。再者，開發中國家的衛生保健和教育服務需求，也有不斷攀升的可能。

在亞洲和非洲地區，隨著人口逐漸增加，建設社會基礎設施也將成為巨大的成長領域。除了必須建設數以千計的學校和醫療中心之外，也必須進行工作人員的教育訓練。如果世界各國政府開始著手調查容納量或資源，則全球的研究機構將會獲得許多工作機會。

不過，為穩定人口而須採取的行動，不應基於短期的利益目標。為了下一世代，我們有責任積極解決此問題。如果我們今天不行動，將會間接引起明日眾多非意圖的死亡和環境破壞的擴大。若想留給子孫一個糧食和水資源充裕的世界——即一個足以悠遊生存的世界，那麼「讓人口維持穩定」的相關挑戰是只怕做得不夠，不會嫌做太多。

# 3

# 採取行動——商業和政治的角色

# 什麼是為地球踏出的一步？

「重新建構世界經濟，創造可永續發展的社會」或許是人類文明迄今為止，所面臨的最大挑戰。為了解決這個難題，我們力圖從各個層面變更方向、重新檢視政策或優先順序，以及改變行為。在本書中，我一直儘可能提出明確的事實，並陳述了數個可行的具體方案。但是，我們還是不能太樂觀。顯示經濟不斷膨脹擴張，並逐漸超越地球生態系統範疇之徵兆，四處可見，而人們也知道這種狀況不可能永遠持續下去。環境層面的動向，正逐漸成為限制經濟發展的條件，這是前所未有的經驗。若不儘快改變前進的方向，則不管我們願不願意，經濟發展必會受阻。問題不在於「這種情形會不會發生」，而在於「何時發生」。

到目前為止，我一直不斷重複說明兩個問題。這兩個問題是所有問題的根源，同時也是無法視而不見的問題，此即是維持人口和氣候的穩定。只要我們不採具體有效方式因應這兩個問題，必定無法創造「可生存」的未來。我們在前面闡述了五個創造可永續發展世界所需的重要步驟，同時也描述了選擇如果正確，將會創造出什麼風貌的世界。有遼闊的森林、維持穩定的土壤；糧食的產量持續增加；高效率且完善的交通設施、都市是人性化且可安居樂業的環境；而能源領域的主軸則是太陽和氫氣能源。

如前所示，我把創造一個「不妨礙未來世代發展，同時又能滿足我們今日需求的世界」所需之步驟，依序做了詳盡說明。

但是，光是對現況的嚴重性有所認識、對應實踐的步驟有所瞭解，還是不夠的。我們還被迫必須付諸行動，而且是必須儘快採取行動，開始從目前的處境朝應追求的目標邁進。誠如我一再重複強調的，這是大規模的課題，只花一點工夫做些小調整或稍加修改，是不夠的。此刻需要的是，以史無前例的龐大規模，挺身採取行動。

## 認知和行動之間的落差擴大

瞭解不破壞環境的可永續發展經濟之面貌後，接下來即應決定建構的方法——亦即邁向目的地的途徑。然而，這二、三十年間，人們在環境領域上雖然一直進行各種研究和市民活動，但是，「應該做的事」和「實際的行動」之間的落差，依然不斷地擴大。很遺憾地，兩者之間的鴻溝似乎逐年拉大。我們都知道以高能源效率的太陽能發電為基礎之經濟會呈現何種風貌，也知道該如何重新設計交通系統、改善家庭計畫需要什麼，以及欲建構更好的產業系統需要什麼。而且，付諸實行所需的技術，也已經準備完善。然而，即便如此，我們依然無法填補兩者之間的鴻溝。地球的實際狀況是年年惡化，經濟體系目前依然走向解體一途。

看著人類對威脅束手無策的模樣，各種疑問不禁湧現心頭。我們是否正在逐一累積問題？是否遲早會因為無法負荷、對政治體系失去信心，以致淪落到政治瓦解、社會分崩離析的下場？抑或，人類果真是一種無法快速進化、無法擁有足夠的自制力或先見之明以因應悄然接近之威脅的物種嗎？難道無法控制自己對物質的渴求或對生殖行為的慾望嗎？

經濟學家提出今後世界仍將持續成長的樂觀預測，但是很明顯的，本書的立場與此背道而馳。因為，如果照以往的作法，經濟成長是不可能持續太久的。目前還不清楚的是，我們是否可以改變政治或商業的優先順序，藉儘快實行該採取的行動等方式，扭轉趨勢。抑或要等到環境持續惡化、糧食價格急遽上揚、政治動盪影響到經濟成長，情況才會出現變化？

問題在於，是要根據目前擁有的資料，立刻採取行動呢？還是非得經歷更具破壞性的經驗，否則不願意行動。我們都是在新資訊出現或經歷前所未有的經驗之際，改變行為。以美國抽菸相關的案子為例，一九六三年在甘乃迪總統的主導下，公共衛生局長發表了第一本《抽菸和健康之間的關係調查》年度報告書。自此之後，這本年度報告書每年衍生出多方面的相關研究計畫，涵蓋範圍從肺癌廣及於心臟病發作或罹患心臟病的危險性增加等，希望從各種角度探討抽菸和健康的關係。各研究也分別被整理成報告書，再藉由大眾媒體加以披露。於是，獲得這類資訊而戒菸的人，數目逐漸增加。這些人不一定是因為生病了才戒菸，而是因為獲得相繼發表的資訊，認為「改變行為較有利」，而戒掉抽菸習慣。話雖如此，還是有人並不會單憑資訊即立刻戒菸，而是要等到某天早晨起床，吐出血痰，才發現自己的健康出了問題——恐怕是得了肺癌吧！而到了這個階段，恐怕為時已晚了。

就某種意義而言，現今我們在環境領域面臨的抉擇也與此相同。「看守世界研究中心」的責任即是要在世界罹患肺癌之前，加緊努力，使其戒掉抽菸的習慣。這裡所說的「肺癌」或許是糧食匱乏嚴重擴大、第三世界的都市陷入混亂；或許是出現前所未有的嚴重新疾病或病毒，以致全球人民接二連三的喪生。在氣候變遷的影響下，什麼事都可能發生。例如，南極的大冰塊流入海洋，海拔突然大幅上升，上升程度足以叫人們心生恐懼。到底什麼才是迫使我們不得不採取適當行動的契機，這點沒人可以預料。不過，不管是因應現今資訊立即改變行動，抑或未來經歷較嚴苛的經驗之後才改變行動，我們遲早都必須改變行動！我們絕不能看輕這個難題。

## 運用稅制主導經濟

大家或許會為橫亙在眼前的巨大難題所懾服，不過，我們有一套極有效的政策工具，可以建構可永續發展的經濟。這套政策工具即稅捐政策。每個國家的稅法都是在微幅變更或調整累積稅捐政策幾十年後，才演變成現今的內容。在目前形態形成之前的漫長過程中，必定也經歷過稅率上升下降、實施改革、維持原樣不做變動等時期。不管哪個時代，當政治家意圖變更稅制時，時而也會引發衝突、陷入混亂。「公正」的定義有許多種，而應如何因應最迫切的問題，也有各種不同想法。再者，政治勢力本身也有各種衝突對立或合縱連橫。其結果便是，政治性原則和實用主義（pragmatism）、不合時宜的觀念被組合，進而形成現今的稅制。這樣的稅制並未適度反映出當代最重要的問題——創造可永續發展的經濟。不過，此刻我們應超越「雞蛋裡挑骨頭」的政治性爭論，積極重建稅制，以使現代和未來的世代能獲得更好的生活和前景。

當前，大多數的政府都針對個人和企業的所得或儲蓄課稅，藉以獲取稅收。但是，這種作法會使人民喪失努力工作或儲蓄的意願。因為這就好像做有價值的貢獻，卻受到處罰一樣。為了打造前此為止一貫主張的經濟體系，我們應視工作或儲蓄為建設性、「有益的」活動，給予獎勵、賦予其應有的價值。反之亦須善用稅制，作為抑止環境破壞活動所需之工具。目前，這類「環境稅」不是微不足道，便是根本不存在。把屬於前一時代遺物的現行稅制，徹底重新建立，乃是一大課題。除減輕對「有益的」活動課稅外，另一方面，必須對排放二氧化碳或製造有毒廢棄物等破壞環境的活動加重賦稅。

許多政治家都躊躇猶豫，不敢實施類似的稅制改革，究其原因主要是因為擔心激怒仰仗石化燃料發電進行製造的業界，導致經濟活動衰退、經濟出現負成長，然而，這種忌憚的產生，完全是因為有根深蒂固的錯誤前提所致。政治家在考量環境層面、改革稅制之際，絕不能遺漏對整體社會產生的莫大正面影響。如果能朝此方向進行稅制改革，則大多數的投資人、上班族和勞動者都將成為贏家。一旦對破壞環境的產品課以重稅，消費者和企業就會減少購買該產品的數量，而對環境無害的商品將會取而代之，出現熱賣風潮。當一個以煤炭為主力的產業衰退時，必將有一個以太陽能為中心的新業界興起。當引起污染的生產製程停止時，乾淨的替代製程就會誕生。而需要的是真正的變革，並非表面上的變化。因此，應運而生的商機亦會極其龐大。

造成當今環境問題的一個原因是「市場並未反映真實」。目前在市場上流通的服務或商品，大多並未反映出實際的生產價格，亦即使用者並未負擔所有成本。例如，汽車會造成空氣污染，但是因空氣污染而產生的呼吸器官疾病，其醫療成本都不是由開車的人支付。如果此醫療成本受到如實反應，則汽油或以汽油為燃料的汽車價格，勢將更高昂才對。

造成空氣中二氧化碳含量上升的國家，是否最直接受到氣候變遷帶來的影響？事實未必如此。瀕臨海拔上升、不著痕跡沈入海底危機者，乃南太平洋上面的島嶼。但是，這些島嶼的居民幾乎沒有汽車，島上也沒有污染空氣的產業。

核能發電所潛藏的巨大成本，由一九八六年車諾比核能發電廠事故所得到的慘痛教訓，足茲證明。即便距離輻射外洩已十二年，現在還是有幾千名孩童為相關疾病所苦，而被捨棄的耕地目前多半尚未恢復成原來可生產的狀態。最近日本以鈽為燃料的「文殊」（日本核能發電高速增殖爐原型爐）和東京近郊東海村的「動燃」（「動力爐核燃料開發事業團」的簡稱），也發生了近乎災難的事態。這類事故的成本，也都未反映在核能發電的電力價格上。

同樣道理亦可應用在森林產物相關企業。濫伐森林會引起土壤侵蝕，河川的沈泥會破壞漁場。但是，這些企業並沒有負擔土壤侵蝕和漁場破壞的成本。

事實上，在石化燃料為主的經濟體制下，我們目前消費的商品多半隱含各種看不見的成本。這些成本包括污染引起的健康問題，或去除污染、環境破壞的成本等。如果這些隱性成本能變成顯性，決定定價和課稅體系的形態能夠涵蓋此成本，則市場風貌必將大為不同，消費者的行為也會大幅改變。

破壞環境的經濟行為中，尤應課以賦稅者包括：碳或二氧硫黃的排放、有害廢棄物的製造、全新原料或農藥的使用。若能對這類破壞性活動課稅，除了可以抑止個別的使用之外，同時也等於對其他滿足需求的可永續發展方法提供間接支援。例如，若對全新原料課稅，即等於促進再生原料的使用。誠如前面所述，對變更耕地用途課稅，也是一種方式。如此一來，開發者必會尋求其他解決方案。水資源亦同，如果能訂定反映實際價值的稅制，則不管是企業或家庭，應該都會更審慎地善用此重要資源。

現今，政府皆對企業或個人的所得課稅。採此法完全只是基於容易提高稅收之考量，除了達到所得分配的目的外，對社會並未善盡重要責任。相對的，若能建立一套對破壞環境行為課稅的體系，除了可以提高稅收之外，對社會也會有所助益。這些助益包括：除了可以提高稅收充當重要公共服務資金之外，稀少資源也會受到更有效率地利用。

把部分稅金轉嫁到破壞環境的活動——此行動以歐洲各國進展最快速。而丹麥、荷蘭、瑞典則是最妥善運用這類課稅政策的國家（**表二**）。這些國家多半降低所得稅，提高破壞環境活動的課稅。截至目前為止，其成效如何呢？從消費者的立場而

表二　從對勞動或投資課稅，轉而對有害環境的活動課稅

| 國家 | 開始時間 | 減稅項目 | 增稅項目 | 稅收的轉移比重* |
|---|---|---|---|---|
| 瑞典 | 1991年 | 個人所得 | 碳和硫磺的排放 | 1.9 |
| 丹麥 | 1994年 | 個人所得 | 汽車用燃料、煤炭、電力和水的販賣；廢棄物的燒卻和掩埋；擁有汽車 | 2.5 |
| 西班牙 | 1995年 | 薪資 | 汽車用燃料的販賣 | 0.2 |
| 丹麥 | 1996年 | 薪資、農業資產 | 碳排放。殺蟲劑、氯化溶劑和電池的販賣 | 0.5 |
| 荷蘭 | 1996年 | 個人所得和薪資 | 天然氣和電力的販賣 | 0.8 |
| 英國 | 1996年～1997年 | 薪資 | 掩埋 | 0.2 |

*對政府所有層面的稅收之比重。

言，自己可以任意支配的金錢增加，商品的選擇範圍擴大，因此不但沒有損失，反而只有好處。根據荷蘭的稅收資料顯示，目前其百分之五以上的稅收，係來自環境稅。丹麥居次，為百分之四。荷蘭更因為稅制改變，減少了數個百分比的碳排放量，對維持氣候穩定深有助益。瑞典在一九九一年引進碳排放稅，透過此舉，替代能源當中，生質能（biomass）的使用增加達百分之七十。

環境稅的效果可說毋庸置疑。例如，當馬來西亞政府變更汽油稅，把含鉛汽油設定得較無鉛汽油高之際，舉國上下即迅速改用無鉛汽油。德國則藉著對製造有毒廢棄物課稅之舉，在三年內將有毒廢棄物減少達百分之十五。荷蘭則在對排放銅、水銀、鎘等重金屬的課稅方面獲致極大成功。二十年中，這些重金屬的排放量，約莫減少百分之九十。當誘因足夠時，對成本敏感且靈活善變的消費者和企業，就會立即改變作法。

## 支持建設性的經濟活動

當前，許多破壞環境的活動，不僅毋須繳稅，有些甚或領取補助金。協助煤炭或石油生產、銅礦或鐵礦開採、殺蟲劑或肥料使用、森林採伐等破壞環境相關活動的補助金，全球每年共計高達六億美元以上。換言之，這就像政府在支付補助金，協助企業破壞環境一樣。雖然橡膠、肥料、銅線等產品不見得不好，但是如果不提供補助金協助生產，反而予以課稅，將可促使使用量減少。除達到相同的社會目的之外，也減少對環境的損害。

若主張「把補助金用於建設性用途」，可能會引來倡導自由市場人士的白眼。在各種政策當中，理論上評價甚差，實則上卻經常被利用的，即補助金。只要觸及新的補助金話題，經濟學者就會聳肩，納稅者就會群情激昂。然而，現實中，幾乎所有國家都視補助金為財政的基本項目。因此，如何有效活用補助金，是我們必須認真思考的課題。

若能廢除支援破壞性活動的補助金，不僅可以節省納稅人的錢，也可以減輕對我們生命維持體系的危害。誠如亞斯・坎賽樂在其分析中指出的，「世界各國政府每年花費數千億美元的金額，為的只是破壞自己本身，此實令人不敢置信」。然而，如果是為了安裝太陽能面板、風力渦輪、建構新型態的公共運輸交通系統、鼓勵新的資源再生利用而提供眾多補助金，那麼補助金反將成為建構可永續發展經濟的重要工具。

目前全球正嘗試進行各種廣泛的未來導向型提案，期能改變稅制方向。瑞典的自然保護協會即向政府勸進新稅制。新稅制主張對碳排放、核能發電、電力發電、石化燃料、汽油、二氧化氮排放、硫磺排放等進行課稅，相對的，減少所得稅的課徵。如果課稅的對象能作此轉變，勞力成本勢必下降、天然資源成本必將上升。該協會主張「由於勞力眾多，天然資源匱乏，因此，理論上，除了這個一舉兩得的政策之外，瑞典社會別無其他發展方向」。由於所得稅一旦降低，勞力將會變得低廉，因此企業將可以較少的費用，增僱人員。利用勞力將比運用資金有利，而這正是獲得工會支持的重要的原因。

當前，世界各地都需要這類大膽的綜合性解決方案。而且在技術上並沒有任何問題。必須超越的，反倒是政治方面的障礙。我認為，只要政治家和企業界的決策階層能理解「轉變稅制也不會阻礙經濟發展」的道理，必能迅速朝正確方向邁進。「乾淨稅」不僅不會妨礙商業，反而會促進革新、增加僱用、有助健康，同時也可以提高企業的運作效率。因為破壞環境式的經營，往往是成本效率最差的經營方式。運用稅制重新建構經濟，事實上即是促進市場機制蓬勃發展。類似這樣的政策只要花時間階段性地進行即可。如果能清楚呈現未來每一階段的目標，有系統地發展，消費者或企業也會將此變化納入考量，決定投資的方向。

民意調查顯示，歐洲和北美都有百分之七十的人支持稅制變更。如果能夠有詳盡的說明，大眾既會對這樣的行動心悅誠服，同時也會認為，建構一個不是逐步邁向自我破壞而是前景可期的經濟體系是令人振奮的。

每當提及建構可永續發展的未來時，我們往往有著眼於一般個人消費者的消費模式或消費量之傾向，然而事實上，我們切莫忘記企業和政府的組織由上到下，也都是消費者。在形塑經濟之際，企業和政府的採購方針，扮演著重要角色。以下我將介紹兩個僅是改變政府採購方針，即發生全國性變化的實例，這兩個例子都發生在美國。第一個例子是柯林頓政府把節約用紙方針放入行政命令之際引發的效應。聯邦政府公佈了一項行政命令，宣佈僅購買舊紙使用率高的紙張，而這樣一紙行政命令即促使製紙業界為之搖身一變。這也是因為企業明白，若希望紙張的大量消費者——聯邦政府——購買自己生產的紙張，勢必得使用再生原料所致。

另一個同樣引發總體性變化的實例，則是發生在柯林頓政府對電腦業界設定能源效率新基準時。新基準規定，電腦必須以當時平均值兩倍的能源效率驅動。此亦不需任何新變革，技術早已建立完備，需要的只是廠商轉換到能源效率較高的生產型態罷了。一旦電腦的新基準設定，整個業界即被迫必須進行因應，否則將會喪失巨大的市場佔有率。以上是近來發生在美國的兩起制度性變化。藉此變化，美國經濟得以朝可永續發展的方向跨進兩、三步。

## 環境問題為史上最大的投資機會

本書一貫的主題為：環境問題其實是史上未曾有的巨大商機。重新建構經濟時應實行的五個步驟，全球企業都應積極參與。當組合此五步驟，邁向可永續發展的經濟之際，不管企業大小，皆有無止盡的商機誕生。

沒有一個時代像當前這般對企業領導力需求殷切。企業領導人此時更應向前跨出一步，認識自己有超越短期損益之責任，有協助不破壞追求「更好生活」夢想之能力。「在商言商」，沒有利潤，企業無法生存，這是不容否認的事實。但是，能否打造可持續成長的經濟，應該也攸關企業的命運。

尤其是轉型到可再生能源資源或能源效率較高的技術，必定是未來深具高度成長和投資機會潛力的領域。此領域仍有許多未知的機會正處於沈睡狀態，尚未被挖掘。這是個充滿令人振奮的大變革之投資領域，而其變革程度之巨大，絕不亞於近十年至十五年間在通訊和電腦業界展開的巨變。此外，對具有高度技術性、專門知識的日本企業而言，這個領域存在著許多可掌握主導權的機會。從東京到新德里，目前亞洲各國政府，似乎皆已產生不應讓煙害或公害繼續殘害都市居民之認識。在風力能源領域躍居世界龍頭之一的印度，即是具體實例。地球人口有一半以上集中在亞洲地區。不管是對大企業或中小企業，抑或是靈活善變、鎖定利基市場的企業，亞洲地區是個巨大市場，足以讓所有企業活躍其間。但是，最重要的莫過於立即採取行動。其原因在於：除為了支援重建經濟的課題之外，同時也是為了趕在具有前瞻性眼光的其他公司行動之前，領先搶得商機。

## 轉型蛻變的企業將可殘存

在以石化燃料為中心的經濟體系中居於龍頭地位的眾多企業，若希望將來能夠繼續殘存，本身即需轉型蛻變。前面我們曾提及英國石油、蜆殼牌等主要石油公司，皆已決定投入大規模資金，建設太陽能發電廠。這些企業此際正埋首於徹底再造之中，期能從以往的「石油公司」，脫胎換骨為「能源公司」。同樣的，許多汽車廠商或許自認不是「車商」，而是「提供機動性的企業」或「交通運輸企業」。沒有理由說「石油公司必須永遠是石油公司」、「煤炭公司應該永遠都是煤炭公司」。企業也可以運用本身擁有的資源，投入太陽能、風力、地熱或氫氣等能源領域。汽車廠商應該可以從建造可永續發展的交通運輸系統——不會造成空氣污染、損害健康、使用大量石化燃料、引起氣候變遷的系統——過程中，找到本身應扮演的角色。

當世界愈趨瞬息萬變，則最能掌握再造方法的企業，必定最具競爭力。如果此趨勢蔚成，則全球的大企業中，有些勢將面臨極大難題。不過值得慶幸的是，新類型的經營者正逐漸在世界各地嶄露頭角。對這種新類型的經營者而言，「生態保育」既不陌生亦非敵對的詞彙，而是意味著激勵企業追求合理化、提高效率之挑戰。美國莫桑特（Mosant，音譯）公司的羅伯特‧謝比即這種類型的企業領袖之一，他主張「必須對體系本身，進行改造」。

莫桑特公司目前正投入大量心力，進行企業改造、重擬經營策略。該公司原是製造殺蟲劑等化學物質的廠商，近來則賣掉化學部門，開始投注心力進行改革，期能發展為「生活科學企業」。其具體的作法為：把重點放在培育對害蟲或疾病有強大抵抗力的作物品種上。希望藉此解決需要殺蟲劑的根本問題。該公司力圖運用基因工程，進行育種。把基因物質從某種植物品種轉移到另一種植物品種，或許有其待商榷之處，但是該公司的經營階層認為，相較於一直使用殺蟲劑，這種方式的風險較小。

該公司鎖定水源匱乏等未來可能發生的環境問題，檢討如何有效活用本身的資源，期能解決相關問題。目前可確定的一點是，只要運用公司本身擁有的植物育種相關專業知識，將可開發出較目前耐乾旱的作物品種，換言之即是，開發出水資源使用效率較高的品種。這在往後因為水資源缺乏而無法生產充足糧食時，將可有一番大貢獻。此舉或可讓一個原本是化學公司的企業，蛻變成協助整個地球解決污染和糧食問題的貢獻者。謝比認為，企業在規劃自己公司的發展方向時，若忽略可永續發展的未來，將會被時代摒棄，進而為更先進的企業所吸收而逐漸消失。

從事水質淨化等事業的日本荏原公司社長藤村和莫桑特的謝比一樣，都斬釘截鐵地做了如下斷言。藤村社長表示，「如果人們接二連三地不斷排放化學物質於環境中，則要想提供安全且乾淨的飲用水，根本不可能」。他指出「確保水源安全以讓人類使用的唯一方法是，從一開始即不污染水源。換言之，即重建經濟」。

日本企業在太陽能電池領域，佔有極大優勢。如前所述，日本政府最近才剛開始進行一項於七萬戶人家裝設太陽能發電設備的國家計畫，因此，日本企業應有足以在世界各地市場開疆闢土的高度競爭力。相同的狀況亦可見於以前的丹麥。丹麥透過政府政策和對企業的獎勵措施，完成了丹麥企業可望在風力能源領域躍居全球龍頭之設定。從丹麥的例子即可發現，即使是蕞爾小國、小企業，也可以掌控全球主導權。在必需重新定義開發援助的前提下，地理位置非常接近亞洲各國的日本，必須扮演這個區域的核心角色。透過組合對外援助和民間投資的方式，轉移有益環境的技術，將可協助開發中國家步向太陽能發電的道路，而此舉將對維持世界經濟穩定有莫大貢獻。

在當前的世界，大眾媒體也扮演極重要的角色。各大媒體負有讓人們理解下述狀況之責，這些狀況包括：承襲以往作法之策略，將會很快地遭到淘汰；科技等人類文明的象徵或社會能否持續進步不墜，關鍵在於能否改變政策或優先課題。許多領域政府確實必須扮演引導的角色，但是，能把必要資訊傳送到世界各個角落者，唯有報章雜誌、電視、收音機等全球的通訊媒體。

從這個觀點而言，CNN和BBC等電視媒體巨擘、《新聞週刊》和《經濟學人》等主要週刊，以及日本的NHK等各國的主要媒體機構，皆負有重責大任。話雖如此，不過媒體不該視其為「負擔」，而應視其為「值得做」、「有利可享」的任務。上述媒體機構的最高經營者，或許並未對此責任或任務加以深思，但是，掌握傳遞資訊工具者——此工具乃儘快推動必要規模變化所需——唯有大眾媒體。

當世界以堅定的步伐邁向可永續發展的目標之際，不管是大企業或中小企業，皆有其應克盡之責和課題。不可諱言的，當然也有類似重建大規模基礎設施等中小企業做不到的課題。不過事實上，說不定所有的課題，都對中小企業較為有利，因為中小企業擁有靈活變通、沒有官僚作風等優勢。以石化燃料為中心的能源經濟，傾向高度集中於大規模發電廠之型態。相對於此，太陽能、氫能源經濟則傾向分散，提供眾多機會和利基給各個當地公司。只要利用網際網路等現代通訊方式，舉凡日本小企業的新發明或革新性解決方案，也都可以為全球發展帶來正面影響。如此一來，任何企業人都會激起意願，積極參與重建經濟之過程。

如果現在還有企業抱有「環境問題令人不勝其擾」、「因為環境問題導致商機減少」等想法，則此刻正是改變觀念的良機。持有這種想法的企業，根本不認為環境問題才是徹底改變世界經濟、增加投資機會的關鍵。即使單從投資的角度來看，也幾乎沒有一個商機足以和源自於關懷環境所產生之商機媲美。當前對環境抱持關心者，並不局限於小小的環保主義者團體。整個社會「希望創造可永續發展未來」之期望，正逐日高漲。

我認為我們每個人都已開始認識到環境的重要性，至少我個人是如此希望。認為環境怎麼樣都無所謂，無異於認為自己的孩子怎麼樣都無所謂。現今所有企業都不應再對環境問題採防衛性態度，而應更積極、更有建設性地往前看。並且必須理解何謂可永續發展的經濟，進而研擬善用此大好機會的長期策略計畫。預料將會有脫穎而出的企業，也會有一敗塗地的企業。具有前瞻性眼光、營運周全完善的革新性企業，將會預期良機、妥為運用；而失敗的將是那些緊抓著過去不放、看不到新機會，無法改變自己的企業。

宣稱自己是永遠的「石油公司」而毫不讓步的企業，即是敗者的一例。而有必須減少二氧化碳排放量認識的企業，必將成為勝者。對煤炭業界和石油業界的大企業而言，實有重蹈ＩＢＭ數年前所犯錯誤之風險。ＩＢＭ曾是電腦業界無人可及的巨人，但是由於過度戀棧過去，以致當規模尚小的蘋果電腦和微軟登場，對該公司歷來的獨佔市場進行挑戰之際，該公司完全對發生的事摸不著頭緒。現今，能源業界的「微軟」，將誕生於何時何地呢？這是個饒富興味的問題。也許目前尚不起眼的中小企業，發明了裝設可發電屋頂材料之新住宅的設計方法，而在十年後登上世界龍頭地位也未不可知。

為了邁向可永續發展的世界，全球將需要史無前例規模的投資。距離達到可永續發展的目標，的確還有一段遙遠的路途。然而，認為應積極參與人類史上最大的經濟革新而變更稅制的國家或重新擬定策略的企業之出現，卻令人振奮。戀棧過去的企業，將成為過去的遺物。唯有能看清未來的企業，方能共體創造未來的興奮與喜悅。

# 吾友——列斯特・R・布朗

中國有句古語說「民以食為天」。這句話意思深遠，說明了有飲食才有生存。一句話道盡了營生和飲食密不可分的關係。

一點兒都沒錯！這個指摘不僅適用於人，同時也適用於天地所有萬物。動物固不待言，就植物而言亦同。如果沒有水分和陽光，植物將無法生存，而如果沒有植物，包括人在內的動物也不可能維持生命。沒有植物就沒有動物，此實為顛撲不破的真理。

佛教始祖釋迦牟尼諸多令人銘感肺腑的名言中，有「樹恩」一語。此語表露了人或動物，從以樹木為代表的眾多植物身上，蒙受的無盡恩澤。即使崇高如釋迦牟尼，當時大概也不知植物會利用太陽的光和熱、動物吐出的二氧化碳作為材料，製造出氧氣——即光合作用之原理。

但是，其必定早在很久以前，直覺上便已明瞭，如果沒有植物（行光合作用），包括人類在內的動物，將無法綿延生命。

釋迦牟尼愛惜植物，認為亂摘一片樹葉或亂折一根樹枝都相當於在這個世間——他使用「法身」這個佛語——亂殺生，其之所以會嚴禁這種行為，想必也是根據其深入的直覺認識有感而發。為此，對古代的佛教團體而言，愛惜樹木、努力植樹乃最重要的戒律之一。

人和動物都是得力於植物製造的氧氣才能呼吸，並且攝取植物作為體內的營養，方能維持生命。雖然因地區而異，不過稻米、小麥、大豆、玉米都是我們的基本食物。

不管是野獸的肉或水產物，這些被稱為動物性蛋白質的物質，其基礎也都源於植物。不管是大豆或玉米等成分較複雜的飼料，抑或較單純的苜蓿等牧草，如果沒有植物，畜牧或畜產將不會存在。即便是魚類，其食餌亦根源於植物性浮游生物。這些植物性浮游生物經動物性浮游生物攝取後，小魚再吃動物性浮游生物，然後大魚再吃小魚，最後則成為人的食物。此即所謂的「食物鏈」，而位於最底層者，即植物性浮游生物。在這裡，存在著或稱「自然」或稱「環境」的玄妙結構。

雖然略偏離了主題，不過透過上述說明，我想各位必已瞭解飲食乃人類生存所不可或缺，以及此飲食乃由動物、植物、乃至於水、空氣、礦物或各種無機物所構成之道理。而所謂環境即此。

此外，德國著名的唯物論哲學家費爾巴哈（Ludwig Andreas Feverbach）曾說過：「汝即汝以為食之物」。這句話譯為英文即「You are what you eat.」，我想大家應該已經瞭解了吧！我們人類雖目空一切地自詡為萬物之靈，然而卻託周遭有生命、無生命的萬物之福，攝取食物，方得維生。一旦這些貴重無比的食物喪失，我們將立即陷入飢荒、身心衰弱、意志消沈、精疲力竭。

第二次世界大戰期間，日本陷入糧食極度匱乏的窘境，所有食物皆採配給型態。當時一天的糧食配給量，平均不超過一千二百卡路里，那個年代的日本人，因為有過這樣的體驗，所以深知食物的難能可貴。

以現在而言，一天一千二百卡路里乃重度糖尿病患者被允許攝取的熱量。當時我只有十幾歲，正是成長發育最快、食慾最旺盛的時期（一九四五年日本投降時，我正念國中三年級）。但是，卻只有一千二百卡路里的配給量，因此經常是處於半飢餓狀態。透過上述個人世代的體驗，愛惜食物勝過一切的習慣和觀念，自然而然灌輸到我們腦裡。為此，糟蹋食物、連自己選的東西也滿不在乎地剩下——面對近來年輕人這種傾向，我總因擔心年輕一代如此浪費成性，恐會遭天譴而感到脊背發涼，無法自己。

我之所以對食物這種所謂實存次元的議題抱持高度關心，而且雖然外行，卻對其生產、分配、農業或水產業抱持興趣，也都是源自上述體驗。對人而言，世上最重要的莫過於與食物相關的各種營生，此為實存層次的真理。糟蹋食物即等於糟蹋自己和他人的生命。

不過，對目前處於飽食時代的日本而言，大概很難想像那種萬事匱乏的年代，更遑論從全球觀點來思考此問題了。

一般認為，目前全球因為營養不良或飢餓而喪生的五歲以下兒童，每天約達數萬人。由於平均一分鐘大約數十人，因此可謂極其驚人。然而，日本因為充斥著多得幾近取之不盡的糧食；擁有足以從世界各地蒐購所有農、水產物的金錢；沒什麼嚴重風土病，大多數人皆有幸擁有健康的身體，因此，要人們發揮這種想像力，絕非易事。有充足的食物、有足以獲得充足食物的經濟能力、有攝取食物的健康身體，這三個條件能同時滿足，不管是哪一個時代或區域，都極為少見，就此意義而言，如此難能可貴、幸福的狀態，應值得感恩。

因此，若思及全球人口每年穩定增加九千多萬人，但是生產糧食的方法，如農地或水資源卻無法隨其比率提升之現狀，則客觀且正確地掌握農、水產業的現況，思索其未來，應可說是作為一個現代人所不可或缺的「心態」。若缺乏這種「心態」，則遑論自詡為「國際人」了。

而一直以來，針對這方面的變遷，傾全力進行全球性縝密調查者，乃是本書的作者——列斯特・R・布朗，他在所領導的「看守世界研究中心」，以及該機構出版的月刊或年度報告書中，適時發出警告，來喚起我們的關心。

中國還有句古語說「八政始於食」。八政係指政治或行政的各種領域。類似教育、財政、生產或福利等對人類重要至極的領域，種類繁多，這些領域雖然分別由教育部、財政部、經濟部、內政部等部會各司職掌，不過其中最重要的乃是糧食。這句話出自中國古老的文獻《周典》，而我個人認為其主張可說是一針見血。

列斯特・R・布朗其人可說是將中國這句古語，在現代發揮得淋漓盡致，不僅親身力行，更一直進行全球性廣泛且詳盡的調查，適時發出警告。

全球的政治家或行政官員之所以爭相尋求和列斯特・R・布朗會面，傾聽其真知灼見，完全是因為深感「八政始於食」的道理所致。

例如，在日本以「乾淨先生」聞名的前首相三木武夫，即是珍惜與布朗會談機會的一人。敝人因為深知兩人皆對環境問題抱持高度關心，故而心生引介兩人認識之念，經詢問兩人有無會面意願後，因兩人一致點頭，而得以成就美事。年少時代在美國唸書，對國際局勢抱持強烈關心的三木先生，對布朗其人早已知之甚詳。

三木先生在成為首相之前，曾擔任環境廳長官，戮力改善空氣污染和水質污濁問題，其對限制汽車排放廢氣尤其積極，嚴格之程度由其請辭田中角榮內閣環境廳長官一職之際，汽車大廠紛紛舉杯慶賀表示歡迎，即可見一斑。因為這些事蹟，布朗也對三木先生有了充分認識。諷刺的是，在三木長官任內通過嚴格的排放廢氣規定，這點竟是後來日本車席捲歐美市場的主因之一。

美國的有力政治家，即其後擔任卡特政府國務卿，同時也是三木先生好友的瑪斯基參議員（已逝，緬因州選出），他提出與改善空氣、水質相關的瑪斯基法案，布朗十分贊成，因此，對促成瑪斯基法案「日本版」（比美國國會先通過）的三本先生早已耳聞。

我記得三木與布朗曾先後安排三次會談，這三次敝人皆列席其間，而這已是二十多年前的往事了。

雙方首次見面時，三木先生即單刀直入提出「目前美國最大的環境問題為何？」

惟當布朗回答以「嚴重的土壤破壞」答案時，連見多識廣的三木先生似乎也難掩驚訝之情。這是因為由於和瑪斯基法案牽連甚深，以致三木先生事先預想答案會是「空氣污染」或「水質污染」所致。

對向來對農業、糧食問題深表關切和憂心的布朗而言，土壤破壞才是搖撼國家根基、最嚴重的環境問題。

曾以「新政」（New Deal）政策（譯註：一九三三年代，美國羅斯福總統提出的一連串經濟政策）聞名的羅斯福總統，面對嚴重的表土流失現象，高倡「土壤毀滅即國家毀滅」口號，並設立土壤保全團隊，傾力防止表土流失之時期，正值日本昭和之初。為了防止土壤崩壞，美國（尤其是西南部）乃將日本的葛樹移植到當地，葛樹至今在美國仍被稱為kudzu（日文發音），而今由於其繁殖過度茂盛，以致被視為「麻煩」，實為有趣的插曲。同樣的葛樹目前也正被計畫運用於保全中國大陸內陸地方的土壤，對這一點我們除了感到饒富興味之外，也深期力圖移植葛樹的中日共同實驗能獲致成功。此外，我將介紹一句足以將土壤對作物的重要性表露無遺的名言，此即以才華洋溢著稱的已逝作家住井須惠女士所寫的——「土壤、萬物生命始於斯」。

在各種環境問題中，布朗對糧食生產和分配問題最為關心，這點讓人由衷敬佩。日前他來日本訪問之際，筆者曾問他，目前憂心的地球環境破壞中，他認為最嚴重且重要者為何。對我的質疑，他當下即回答以「糧食和農業」。

雖然日本和美國顯然處於飽食時代，但是，貧困、無法攝取充足營養的個人和團體依然存在。尤其連世界第一大國美國都有無法獲得充足糧食的區域和民族團體，對於這些問題，布朗不曾片刻忘懷。

事實上，整個社會浪費成性的日本——正做著把四成以上食物糟蹋成垃圾這種遭天譴的事——或許不久就會遭遇糧食危機侵襲。雖然布朗從以前即一直發出這個警訊，不過，三月上旬前來日本的里布斯（國際玉米小麥改良中心）所長，也提出其看法，他表示：「如果地球上的人口一直維持每分鐘增加兩百人的成長率，耕地每年將減少兩百萬公頃」，如此一來，總有一天日本也難以置身糧食不斷短缺的世界之外。他並極力主張，即使有分配的問題，仍應以增產為第一優先。國際玉米小麥改良中心總部設在墨西哥，為非營利的國際農業研究機構，該中心在玉米和小麥的品種改良、生產性提升上，貢獻尤其卓著。其將總部設於開發「多收成奇蹟小麥」的墨西哥，有其獨到之處。此奇蹟小麥的開發者——波斯羅格博士，因此卓越成就而獲得諾貝爾和平獎。總之，美國和日本也不能再袖手旁觀、無所事事了。

更何況若思及開發中國家當前已有慢性飢餓或貧困等問題，就更由不得彼此對「糧食和農業」這個最嚴重、人類實存層次的難題，採漠不關心的態度。世界人口以每年九千數百萬人的比率不斷增加，結果導致農地和地下水急遽減少，這些問題一直為布朗所提出，不曾間斷。

列斯特・R・布朗可說是世界上筆者最尊敬的環境論學者、文明評論家。而我則是他交往最早的日本友人，不過，若自稱是他最親近的友人，就未免太往自己臉上貼金了。畢竟今非昔比，他和日本的情緣日深，有時甚至一年訪日二、三次。這全是因為他文名大噪，請他參加各種國際會議、發表演講或提供意見的邀約，近年來大幅增加所致。

主題也以其最擅長的農業或糧食問題為首，擴及與此相關的各種問題，包括人口爆炸、空氣或水污染、人多擁擠或汽車排放廢氣造成大都市環境惡化、地球溫室效應的危險，而近來，他更勇於針對垃圾問題或激素（hormone）攪亂問題——亦即環境激素等——威脅及於人類生存等十萬火急的議題，進行發言。第一個告訴我臭氧層出現破洞及其危險性者乃是布朗，而這已是十年以上的往事了。

我想閱讀本書的讀者，對於布朗對人和人以外的所有有生命、無生命的萬物，亦即狹義、廣義的環境問題或公害問題所顯露的熱切關注，以及所提出之解決方案的多樣性，必定早已有所察覺。

而且他並不以作為「書房派」，亦即所謂「安樂椅生態學家」為滿足，而是以成為丟下書本、不辭辛勞前往現場的「實踐派環境論者」為目標，此即布朗的最大特徵。雖然國內外知名生態學家當中，不乏僅敢留在書房，對前往公害現場抱持小心且怯懦心態的專家，但是吾友布朗絕非池中物。

正因為這樣，他為數眾多的著作和經歷已在日本廣受介紹，而出版界、公家機構、企業、研究所等各界，與他交往密切的組織或個人也不在少數。

對人和人以外的萬物之未來關懷備至的布朗，對戰爭和和平更有一番格外深刻的看法，這也是想當然爾。對人和萬物而言，再沒有比戰爭或過度的戰爭準備還要嚴重之環境破壞和資源浪費，尤其在現今核子武器、化學武器等恐有毀滅地球之虞的大量殺戮武器橫行時代，更是如此。

對於在波斯灣戰爭，以及在涉及沖繩的事件中也造成問題的劣化鈾炸彈這個罪大惡極的武器，布朗也不厭其煩地提出尖銳批判和舉發。

他在一九八九年二月二十日的朝日新聞訪談中，提出「環境安全保障」的新概念。此新概念主張，我們應拋開「每談及安全保障就只聯想到軍事」這種陳腐的思想，轉而支持「環保才是對地球及所有萬物最大的安全保障」，並從全球一年超過一兆美元的軍事支出當中，提撥一部分作為「環境安全保障費用」。

布朗並就環保所需經費作具體推測，同時提出具體數字，說明「提撥軍事支出的六分之一到二十分之一的金額」，將可挽回瀕臨死亡邊緣的地球。

舉例來說，他推測，若欲防止急遽進行的沙漠化，就必須在一九九〇年投入四十億美元，二〇〇〇年投入兩百一十億美元，同樣的，在植林方面必須投入二十億至七十億美元，在開發替代能源上必須投入二十億至三百億美元等，就總額來說，一九九〇年必須投入四百六十億美元，到本世紀末時，則必須投入一千五百億美元的費用。

如果地球不安寧，則各個主權國家及其國民也不可能安全，甚至連生存都會受到威脅而岌岌可危，這樣的主張實為深具說服力的宏觀議論。

與其追求國家的安全保障，不如追求人類的安全保障——此主張先有瑞典已逝前首相巴美爾熱烈提倡，後有前蘇聯總統戈巴契夫提出追隨觀念，而布朗也從環保的立場提出具體數字作為佐證。

布朗於一九九二年在莫斯科舉行之名為「環境問題和宗教」的獨特會議上，直接向戈巴契夫提出此想法，並獲其贊同。事實上，筆者亦與布朗同時出席此莫斯科會議，並深受戈巴契夫所發表之哲學味十足的演說所感動，而對啟迪戈巴契夫案的布朗之建言，我更打從心底給予打氣和支持。此外，雖是題外話，但我想對戈巴契夫其人稍做說明。因為不僅其對布朗相當敬重，同時布朗也對這位前蘇聯總統有非比尋常的敬意。戈巴契夫於一九九二年創設名為「綠十字」的全球性環保組織，就任總裁，並奉獻心力，期能將「人是自然的一部分」之自覺普及至全球，以造福下一代。

雖然其在一九九一年黯然下台，不過由於原為農民出身，且研究所主修農業經濟學，因此下台後他馬上戮力於土壤侵蝕、大地荒野化、水和空氣污染等問題。在深感自然和人類關係極為重要的心情下，其乃下決心創立名為「綠十字」的團體。在此之前，其個人已在擔任蘇聯共產黨書記長期間，遭逢一九八六年車諾比核能發電廠事故，接著更強力推動改革路線和資訊公開路線。

戈巴契夫對全球的貢獻可謂巨大，尤其藉由資訊公開和言論自由方式，在全球推動環保力量一點，更是值得我們所有地球一份子同表謝意。我想這也是布朗給予高度評價之因。

此外，對地球環境而言，美蘇無止境地競相擴充軍備，才是留下了最關鍵的負面遺產——這是戈巴契夫對時代的認識中最重要的一項，而他這個認知也和布朗的看法一脈相通。若將話題再拉回莫斯科會議，則當時布朗所說的「目前冷戰已告終焉，世界正迎接新時代的來臨。只要美蘇有意願，則『環境安保』即有實現可能」，實有其分量。

再者，布朗對日本期待尤殷。他甚至斷言「日本具有維護地球環境、恢復地球環境的歷史使命」。至於其所持理由，則如他在一九八九年八月二十二日朝日新聞所述：「日本擁有高度的省能源技術，並處於以雄厚經濟力帶領世界發展之立場。大約四十年前，美國藉由馬歇爾計畫，極力協助戰後歐洲的復興工作，這次則該是日本負起保護和恢復地球環境的時候了。不管首相是誰，我們都期待日本能有這樣的政治意志」。

遺憾的是，這樣的政治意志並未在這個國家誕生。不久，波斯灣戰爭勃發，日本在美其名為「國際貢獻」的理由下，為達到不知為何而戰的戰爭目的，而被白白地剝削了高達一百三十億美元的國民血汗錢。

政府完全無視於布朗提出的忠告，同時也不顧筆者力主之意見。筆者曾在與十二位國外有識之士的對談集——《今日的質疑、明日的答案》中，打出「取代軍事力量的道義性替代集」主題，力主增產糧食或環保等非軍事面的貢獻，才是具有九條非戰憲法的和平國家日本所應率先追求的議題。

往昔茫茫，值此反覆閱讀吾友布朗近作，結束此失之繁蕪冗長解說之際，除深感我們應有不得再重蹈覆轍的悔悟之念外，更須下定往後不得再犯相同錯誤的決心，並再三仔細閱讀既是知日派同時也是日本的好顧問——布朗的意見。

**國弘正雄**
英國愛丁堡大學特任客座教授

# 謝詞

本書承蒙美、日多位友人協助，方能順利出版。我大部分的著作，都是自己決定撰述成書而寫成，但是本書卻源自菱研的彼得・大衛・皮特森的提案。我於菱研發表名為「環境問題改變世界經濟」的演說後，隔天彼得也和我搭乘同一班新幹線，前往盛岡與行以「全球糧食預測之變化」為題的演講。在車中，彼得提出許多問題，以為前一天、個小時演講中說明的主要重點作內容補充。

其後、彼得更專程前來華盛頓和我作更進一步討論，將本書應涵蓋的內容作更詳盡的補足。

再者，如果沒有邀請我演講或訪談的日本諸位的努力，就不會有本書的出版。謹此表達我的謝意。

此外，在我對原稿進行修正、編輯，準備出版之際，我的助理R・J・卡夫曼提供了相當寶貴的協助。這十年來，她對我所有的著作皆提供協助。除此之外，我的同事布萊恩・哈威為我從「看守世界研究中心」的資料庫，取出供本書使用的圖表並作準備。

原稿完成後，我在日本演講時為我口譯的枝廣淳子小姐，即開始進行翻譯工作。在翻譯的過程中，對於言詞曖昧，以及本書亟欲說明卻不甚清楚的要點，她都不厭其煩地向我作確認。我想，藉由與她一問一答的過程，應更清楚地傳達了我想表達的想法。她同時也是「環境文化創造研究所」的研究員，該研究所除了對讓更多日本民眾閱讀「看守世界研究中心」發行的書籍刊物不遺餘力之外，並安排各種有益的演講或會議，協助我們將研究成果普及於日本全國。

經歷上述過程，以演講為開端的內容終於集結成書。回顧整個過程，如果菱研沒有邀請我前往演說，並進一步提議我集結成書，大概就不會有本書的誕生。本書主要探討「把環境上不可能永續發展的世界經濟，改變成可永續發展的經濟」之史無前例的困難議題。非常感謝菱研賜給我執筆本書的機會。這個難題乃是時代丟給我們這個世代的考驗。對愛好挑戰的人而言，再沒有一個時代比當前更有「生存意義」。

**列斯特・R・布朗（Lester R. Brown）**

看守世界研究中心所長

# 生態經濟革命

——拯救地球和經濟的五大步驟　　NEO系列 2

著　　者／Lester R. Brown
譯　　者／蕭秋梅
出 版 者／揚智文化事業股份有限公司
發 行 人／葉忠賢
總 編 輯／孟　樊
執行編輯／鄭美珠
登 記 證／局版北市業字第 1117 號
地　　址／台北市新生南路三段 88 號 5 樓之 6
電　　話／(02)2366-0309　2366-0313
傳　　真／(02)2366-0310
E-mail／tn605547@ms6.tisnet.net.tw
網　　址／http://www.ycrc.com.tw
印　　刷／偉勵彩色印刷股份有限公司
法律顧問／北辰著作權事務所　蕭雄淋律師
初版一刷／1999 年 10 月
ISBN／957-818-032-2
定　　價／新台幣 200 元
郵政劃撥／14534976
原著書名／How Environmental Trends Are Reshaping The Global Economy


南區總經銷／昱泓圖書有限公司
地　　址／嘉義市通化四街 45 號
電　　話／(05)231-1949　231-1572
傳　　真／(05)231-1002

國家圖書館出版品預行編目資料

生態經濟革命：拯救地球和經濟的五大步驟 / Lester R. Brown 著. -- 初版. -- 台北市：揚智文化，1999 [民 88]
面； 公分. -- （NEO 系列；2）
譯自：How environmental trends are reshaping the global economy
ISBN 957-818-032-2（平裝）

1. 環境經濟學 2. 環境保護

550.16 88009419